Burow

**Die Corona-Chance:
durch sieben Schritte zur »Resilienten Schule«**

Mit dem untenstehenden Download-Code erhalten Sie die PDF-Version dieses Buches.

So laden Sie Ihr E-Book inside herunter:

1. Öffnen Sie die Website: http://www.beltz.de/ebookinside
2. Geben Sie den untenstehenden Download-Code ein und füllen Sie das Formular aus.
3. Mit dem Klick auf den Button am Ende des Formulars erhalten Sie Ihren persönlichen Download-Link.
   [Für den Einsatz des E-Books in einer Institution fragen Sie bitte nach einem individuellen Angebot unseres Vertriebs: buchser-vice@beltz.de. Nennen Sie uns dazu die Zahl der Nutzer, für die das E-Book zur Verfügung gestellt werden soll.]
4. Der Code ist nur einmal gültig. Bitte speichern Sie die Datei auf Ihrem Computer.
5. Beachten Sie bitte, dass es sich bei Ihrem Download um eine Einzelnutzerlizenz handelt. Das E-Book ist für Ihren persönlichen Gebrauch bestimmt.

Download-Code

GKXZ6-4VH32-HFRNM

Olaf-Axel Burow

Die Corona-Chance: Durch sieben Schritte zur »Resilienten Schule«

Prof. Dr. Olaf-Axel Burow war Professor für Allgemeine Pädagogik an der Universität Kassel und berät mit dem IF-Institute for Future Design Bildungseinrichtungen.

Das Werk einschließlich aller seiner Teile ist urheberrechtlich geschützt.
Jede Verwertung ist ohne Zustimmung des Verlags unzulässig.
Das gilt insbesondere für Vervielfältigungen, Übersetzungen, Mikroverfilmungen und die Einspeicherung und Verarbeitung in elektronische Systeme.

Dieses Buch ist erhältlich als:
ISBN 978-3-407-63234-0 Print
ISBN 978-3-407-63236-4 E-Book (PDF)
ISBN 978-3-407-63235-7 E-Book (E-PUB)

1. Auflage 2021

© 2021 Beltz
in der Verlagsgruppe Beltz · Weinheim Basel
Werderstraße 10, 69469 Weinheim
Alle Rechte vorbehalten

Umschlaggestaltung: Michael Matl
Umschlagabbildung: © gettyimages/Andy Roberts

Satz und Herstellung: Michael Matl
Druck und Bindung: Beltz Grafische Betriebe, Bad Langensalza
Printed in Germany

Weitere Informationen zu unseren Autor_innen und Titeln finden Sie unter:
www.beltz.de

Inhalt

1. **Schule in der Corona-Krise – wo ist das Problem?** 7
2. **Resilienz – ein Schlüssel zur Krisenbewältigung** 12
3. **Die Corona-Chance:**
   Durch sieben Schritte zur »Resilienten Schule« 14

   Schritt 1: Stärken und Schwächen analysieren –
   Zukunftscode und Leitbild bestimmen 15

   Schritt 2: Digitale Infrastruktur sichern 50

   Schritt 3: Lehrer und Schüler zu selbstgesteuertem,
   digital unterstütztem Lernen fortbilden 55

   Schritt 4: Den gesamten Unterrichtsstoff digital
   verfügbar machen 63

   Schritt 5: Aufbau einer digitalen Lernplattform mit
   schülergerechten Formaten 65

   Schritt 6: Fortbildung der Lehrkräfte in analogem
   und digitalem Coaching 67

   Schritt 7: Aufbau eines digital gestützten Evaluations-
   und Feedbacksystems 73

4. **Von der Unterrichtsanstalt zum Future-Lab** 74
5. **Schulleitungen werden zu Future-Designern** 76
6. **Resilienz-Check:**
   Der große Test zur Krisensicherheit Ihre Schule 79

7. **Corona und Schule:**
   Interview mit Stefan Ruppaner 91

8. **Links und Tipps** 104

Danksagung 112

Literatur 113

Anhang 116

1. Schule in der Corona-Krise – wo ist das Problem?

Die Corona-Krise rückt die seit langem anstehenden Frage nach einer zukunftsfähigen Schule ins Zentrum, hat sich doch ein unhaltbarer Zustand offenbart: Wie kann es sein, dass das jederzeit mögliche Auftreten eines simplen Virus die Funktionsfähigkeit vieler Schulen so massiv beeinträchtigt hat, dass Unterricht zeitweise kaum noch möglich war und Lehrer, Schüler sowie Eltern gleichermaßen überfordert wurden? Offenbar sind unser Bildungssystem insgesamt und die Schule im Besonderen so konstruiert, dass sie nur unter Schön-Wetter-Bedingungen funktionieren und dies – obwohl längst alternative Lehr-/Lernkonzepte und technische Unterstützungssysteme entwickelt sind, die einen Unterrichtsbetrieb auch unter Pandemiebedingungen ermöglichen.

Dass dies keine Theorie ist, sondern seit langem in der Praxis funktioniert, zeige ich in diesem Buch, zu dem ich durch den Bericht Stefan Ruppaners, des Leiters der Alemannenschule Wutöschingen, einer der Preisträgerschulen des Deutschen Schulpreises, inspiriert wurde. Als Herausgeber des Themenheftes »Führen in der Krise« der Zeitschrift für »Pädagogische Führung« suchte ich nach Autoren, die beschrieben, wie sie die Herausforderungen, vor die sie das plötzliche Auftreten des Virus stellte, bewältigt hatten. Dabei schoss Ruppaner im wahrsten Sinne des Wortes den Vogel ab, titelte er seinen Beitrag doch mit: »Schule in der Corona-Krise – wo ist das Problem?«.

Während viele Kultusministerien, Schulverwaltungen und Schulleitungen durch die Krise offenkundig überfordert waren und erstaunlich hilflos agierten, erwies sich ausgerechnet die Gemeinschaftsschule eines 7000-Seelendorfes als krisensicher.

Warum war es diesem Schulleiter mit seinem engagierten Team möglich, die SchülerInnen sicher durch die Krise zu führen, während selbst vergleichsweise gut ausgestattete Schulen ihren Unterrichtsbetrieb reduzieren oder gar einstellen mussten? Worin bestand das Erfolgsgeheimnis dieser Ausnahme-PädagogInnen?

Ja, wie konnte es sein, dass sich ausgerechnet eine Gemeinschaftsschule und nicht eines der hochgelobten und besser ausgestatteten Gymnasien in der Krise als zukunftsträchtig erwies? Bei meiner Recherche stieß ich auf weitere Beispiele:

Die von Thomas Hilsenbeck geleitete Blautopfschule Blaubeuren, ebenfalls eine Gemeinschaftsschule, die wie die mittlerweile als Preisträgerin des Deutschen Schulpreises ausgezeichnete Alemannenschule – die Krise erfolgreich meisterte, ebenso wie die Richtsberg-Schule in Marburg.

Wie ich zeigen werde lässt sich dieses Rätsel erstaunlich einfach auflösen, sind es doch im Kern lediglich sieben Schritte, deren systematische Abarbeitung dazu beitragen kann, dass Schule nicht nur krisensicher bzw. »resilient«, sondern auch zukunftsfähig wird. Ein zentraler Faktor, der – bei unterschiedlichen Akzentsetzungen – die erfolgreichen Schulmodelle verbindet, ist, dass sie sich rechtzeitig auf die schon vor Corona geforderten Anforderungen für selbstgesteuertes und digital unterstütztes Lehren und Lernen eingestellt haben. Während die Mehrzahl der Traditionsschulen nicht nur jahrelang auf die versprochenen fünf Milliarden des Digitalpaktes warteten, sondern auch – als diese Mittel endlich freigegeben wurden – vor der komplizierten Antragstellung versagten, hatten innovative Schulleiter wie Ruppaner, Ferber, Hilsenbeck und andere längst die Eigeninitiative ergriffen, und sich kreativ mit Unterstützung des Schulträgers die Ausstattung beschafft, die sie benötigten. Angesichts solcher Beispiele tritt das Versagen großer Teile der Bildungsbürokratie um so deutlicher hervor, erwies sie sich doch in zu vielen Fällen als Bremser. So ist kein Zufall, dass – um ein Beispiel zu geben – 2020 nur 400 Millionen von den avisierten und dringenden benötigten 5 Milliarden des Digitalpaktes bewilligt waren.

Während in der Wirtschaft – angesichts des dramatischen Innovationsdrucks – Modelle »agiler« Führung und Organisation Hochkonjunktur haben, wiehert im Bildungsbereich in zu vielen Bereichen noch immer der Amtsschimmel. Statt die Krise als Chance für den längst anstehenden digitalen Aufbruch zu nutzen, beschäftigten sich Bildungsverwaltungen mit der irrelevanten Frage, wie antiquierte Prüfungen unter Krisenbedingungen durchzuführen seien. Anstatt die ungeheuren und weitgehend ungenutzten Ressourcen des Bildungsbereichs kreativ zu nutzen, war es dringlichstes Ziel zu vieler »Normopathen«, möglichst schnell den »Normalzustand« wiederherzustellen.

Doch schon vor der Krise war längst klar, dass das traditionelle Schulsystem nur begrenzt zukunftsfähig ist und dringend der Modernisierung bedurfte, denn in schnell sich wandelnden Zeiten, angesichts der Herausforderungen von Globalisierung und Digitalisierung, des wachsenden Gegensatzes von arm und reich, von Klimawandel und Pandemie wandeln sich die Anforderungen an Bildungseinrichtungen. Ja, schon vor Corona war klar, was der neue Bildungsbericht (www.bildungsbericht.de) faktengesättigt bloßlegt: Schule in Deutschland hat einen massiven Modernisierungsbedarf. Die Rückkehr zum »Normalzustand« ist aus dieser Perspektive weder machbar noch wünschenswert.

Corona hat nur sichtbar gemacht, dass wir alle längst in einer »Weltrisikogesellschaft« leben und wir uns auf vielfältige Bedrohungen, aber auch unvorhersehbaren Wandel einstellen müssen. Anstatt sich vor allem auf die Vermittlung von Inhalten und Lösungen der Vergangenheit zu konzentrieren, sollten Schulleitungen und Lehrkräfte die Krise deshalb nutzen, um innovative Wege zu entwickeln, wie sie die »21st century skills«, die zentralen Zukunftskompetenzen, vermitteln können, nämlich: Kritisches Denken und Problemlösen, Kommunikation und Kollaboration, Kreativität und Innovation sowie Umgang mit Unsicherheit.

Aus dieser Perspektive stellen sich Fragen folgenden Typs: Warum wurde der Lockdown nicht für eine bundesweite Fortbildungswelle genutzt, die die Lehrkräfte quasi im Crash-Kurs auf die neuen Herausforderungen eingestellt hätte? Warum wurde das Potenzial der wegen Gesundheitsrisiken freigestellten Lehrkräfte nicht genutzt, etwa um den Unterrichtsstoff per Home-Office auf schulischen Lernplattformen zu transferieren? Tutorials dafür sind längst im Netz verfügbar. Warum wurde die Ferienzeit nicht dafür genutzt, zusammen mit Lehrkräften, Schülern und Eltern die Möglichkeiten digital unterstützten Lernens und Kommunizierens zu erproben? Warum wurden nicht zusätzliche Digitalisierungsfachleute eingestellt, die die Lehrkräfte beim Aufbau der digitalen Infrastruktur sowie bei der Implementierung von einfach zu handhabenden Softwarelösungen hätten unterstützen können? Warum gab es keine großzügigen Stundenermäßigungen für Lehrkräfte, die willens und in der Lage waren, die Digitalisierung an ihrer Schule voranzutreiben? Warum waren die Kultusministerien nicht in der Lage, eine bundesweit geltende Positivliste der zur Verwendung zugelassenen digitalen Tools zu erstellen, die den verunsicherten Lehrkräften Rechtssicherheit beschert hätte? Mehr noch: Warum haben die Bildungsverwaltungen die seit Jahren absehbaren Herausforderungen des »Digital New Age« so sehr verschlafen, wo doch die internationalen Erfahrungen – wie etwa in den skandinavischen Ländern – längst gezeigt hatten, wohin die Reise gehen würde?

Die Liste der Versagensmomente beginnend bei den unzureichenden Ausstattungen, über die fehlenden pädagogischen Konzepte, fehlendes Fachpersonal bis hin zu abwehrenden mentalen Einstellungen ließe sich problemlos erweitern. Ja bei Vielen fehlte – auch noch nach dem sichtbaren Absturz des Bildungssystems – die Einsicht in die Notwendigkeit eines radikalen Wandels. Symptomatisch für dieses Scheuklappenverhalten war die Aktion eines übereifrigen thüringischen Datenschützers, der – statt Unterstützung zu bieten – innovative Lehrkräfte mit Bußgeldern belegen wollte, weil sie eigeninitiativ via Zoom ihre Schüler mit Unterricht und Beratung versorgt hatten.

Stefan Ruppaners rhetorische Frage, »Corona – wo ist das Problem?«, erhält aus dieser Perspektive eine durchaus beunruhigende Antwort: Das Problem liegt ganz offenkundig in einem antiquierten Bildungssystem mit Innovation hemmenden Strukturen, das sich den Herausforderungen von Gegenwart und Zukunft verweigert; in Bildungsverwaltungen, die nicht in der Lage sind, sich auf Zukunftstrends einzustellen sowie in Kultusverwaltungen, die an einem Bild von Schule festhalten, dass für die industrielle Revolution und die Massenproduktion hilfreich war, aber heute in weiten Bereichen nicht mehr tragfähig ist. Und auch viele Lehrkräfte, die sich anders als ihre engagierten Kollegen, totstellten und meinten, die Krise aussitzen zu können, haben sich nicht mit Ruhm bekleckert.

Immerhin ist jetzt klar geworden: Statt kurzfristiger Krisenbewältigung gilt es die Zeit zu nutzen, um durch neue Organisations-, Lehr- und Lernformate Schule krisenfest und zukunftssicher zu machen. Die Corona-Krise beinhaltet damit auch eine Corona-Chance: Lehrkräfte und Bildungsverwaltungen sind nämlich aufgefordert, Antworten auf die Schlüsselfrage zu liefern. Sie lautet:

Wie können wir mit gemeinsamen Anstrengungen die krisensichere Schule der Zukunft schaffen? Eine erste, mögliche Antwort liefern Konzepte der »Resilienz«.

2. Resilienz – ein Schlüssel zur Krisenbewältigung

»Resilienz« (von lateinisch *resilire* ‚zurückspringen' ‚abprallen') verstanden als psychische Widerstandsfähigkeit, ist die Fähigkeit, Krisen zu bewältigen und sie durch Rückgriff auf persönliche und sozial vermittelte Ressourcen als Anlass für Entwicklungen zu nutzen. So hat, um ein Beispiel zu geben, die Forschung gezeigt, dass Kinder, selbst wenn sie unter schwierigsten Bedingungen aufwachsen, psychische Widerstandsfähigkeit ausbilden können. Voraussetzung dafür sind resilienzförderliche Faktoren, wie z.B. eine Person, die das Kind stützt.

Die Katastrophensoziologie erweitert den Begriff über die Betrachtung der Resilienzfähigkeit der einzelnen Person hinaus, indem sie Resilienz als robuste Widerstandskraft ganzer Gesellschaften versteht, die von einer resilienzförderlichen Umgebungsgestaltung sowohl in sozialer wie z.B. auch baulicher Hinsicht abhängt. Auch in der Ökologie wird der Begriff verwendet und bezeichnet die Fähigkeit von Ökosystemen, sich nach Katastrophen zu regenerieren. Im Gesellschaftsdiskurs schließlich hat sich »Resilienz« vor allem als Gegen- bzw. Komplementärbegriff »Vulnerabilität« (Verwundbarkeit) etabliert. »Im Vordergrund steht dabei die Frage nach der Widerstands- und Regenerationsfähigkeit von Gesellschaften angesichts komplexer und zunehmend unvorhersehbarer, auch von Menschen verursachter Risiken. Dabei wird davon ausgegangen, dass Gesellschaften solche Risiken nicht nur bewältigen, sondern auch aus ihnen lernen, sich an zukünftige Herausforderungen anpassen und sich so transformieren können.«

Seit Ende der neunziger Jahre wird der Resilienzbegriff schließlich auch auf Unternehmens- bzw. Organisationskonzepte angewandt. Die Frage ist hier, welche Kriterien eine Organisation erfüllen muss, um so robust zu sein, dass sie unvorhersagbare Krisensituationen – beginnend bei Technologiesprüngen über Wirtschaftskrisen bis hin zu Marktentwicklungen oder gar Pandemien und ähnlichem – bewältigen kann. Als zentrale Krisenbewältigungsfaktoren haben sich dabei die Entwicklung einer *Fehlerkultur* und die *Verringerung von Komplexität* erwiesen. (Zum Hintergrund: Wikipedia Stichwort: »Resilienz«).

Einige LeserInnen werden sich jetzt vielleicht fragen, was diese Konzepte für ihren schulischen Alltag bedeuten und inwiefern Resilienzkonzepte hilfreich für die Entwicklung krisensicherer Schulen sein können.

Wie ich nachfolgend zeigen werde, bin ich in der Tat der Auffassung, dass eine Orientierung an Resilienzkonzepten wichtige Hinweise für die Gestaltung krisensicherer Schulen liefern kann. Die Corona-Krise hat nämlich nicht nur gezeigt, dass unsere Schulen für Schönwetter-Bedingungen konzipiert und zu wenig krisensicher sind, sondern mit dieser schmerzlich gewonnenen Einsicht zugleich auch ein Fenster für die Nutzung der »Corona-Chance« geöffnet: So liefern uns die Bewältigungsversuche engagierter KollegInnen und innovativer Bildungsverwaltungen, nicht zu vergessen auch kreativer SchülerInnnen sowie Eltern wichtige Hinweise dafür, wie wir eine Schule schaffen können, die resiliente Strukturen aufweist und damit auch zukunftsfähig ist. Ich bezeichne diesen neuen Organisationstyp, der als Nebenerscheinung der Krise an vielen Orten im Entstehen ist, als »Resiliente Schule«.

Die Frage ist, was wir tun müssen, damit wir aus gelingenden Beispielen lernen können, und durch präventive Maßnahmen, unsere Schulen zumindest krisensicherer zu machen, denn die Erkenntnis reift: Nach der Pandemie ist vor der Pandemie!

3. Die Corona-Chance: Durch sieben Schritte zur »Resilienten Schule«

Wenn in unübersichtlichen Lagen schnelles Handeln gefordert ist, dann kommt es zunächst darauf an, die Komplexität soweit zu verringern, so dass alle Beteiligten nicht überfordert sind, sondern handlungsfähig werden. Hier ist »Simplexity« gefordert, die Handhabbarmachung von Komplexität durch die Fokussierung auf die wichtigsten Kernelemente. Simplexity erreicht man durch gemeinsam entwickelte Kernwerte, ein gemeinsam entwickeltes, inspirierendes Leitbild und einfache Richtlinien sowie Instrumente, die dem Handeln in komplexen Situationen klare Orientierungen geben. Sie sorgen bei den Beteiligten für Verhaltenssicherheit, auch wenn die gewohnten Abläufe durch überraschende Ereignisse außer Kraft gesetzt werden.

Im Sinne von Simplexity beschreibe ich in den nachfolgenden Kapiteln sieben Schritte, deren konsequente Umsetzung der Reduzierung von Komplexität dient und damit die Wahrscheinlichkeit erfolgreicher Krisenbewältigung erhöht. Dabei ist klar, dass die Entwicklung der »Resilienten Schule« nicht kurzfristig realisierbar ist, sondern eines kurz-, mittel- und langfristig konzipierten Umsetzungsplans bedarf – wie auch die Erfahrungen der von mir erwähnten Schulen zeigen, die – wie die Alemannenschule – einige Jahre mit Versuch und Irrtum benötigten, um die für ihr Kollegium, ihre Schülerschaft und die besondere regionale Situation passenden Lösungen zu finden. Doch ihr durch die Nominierung für den Deutschen Schulpreis gekröntes Beispiel ist ermutigend, zeigt sie doch, dass Wandel nicht nur möglich und erfolgreich sein kann, sondern zugleich das Wohlbefinden ebenso wie die Leistungsergebnisse steigert und – wie sich bei der Bewältigung der Pandemie gezeigt hat – Schule darüber hinaus krisensicherer macht.

Die Analyse des praxisbewährten Konzepts der Alemannenschule – in Verbindung mit bewährten pädagogischen Konzepten und meinen langjährigen Erfahrungen in der Schul- und Organisationsentwicklung – münden, orientiert an den Konzepten von Simplexity und Resilienz, in sieben erfolgversprechende Schritte. Sie lauten:

Schritt 1:	Stärken und Schwächen analysieren – Zukunftscode und Leitbild bestimmen
Schritt 2:	Digitale Infrastruktur sichern
Schritt 3:	Lehrer und Schüler zu selbstgesteuertem, digital unterstütztem Lehren und Lernen fortbilden
Schritt 4:	Den gesamten Unterrichtsstoff digital verfügbar machen
Schritt 5:	Aufbau einer digitalen Lernplattform mit schülergerechten Formaten
Schritt 6:	Fortbildung der Lehrkräfte in analogem und digitalem Coaching
Schritt 7:	Aufbau eines digital gestützten Evaluations- und Feedbacksystems

Schritt 1: Stärken und Schwächen analysieren – Zukunftscode und Leitbild bestimmen

Erfolgreiche Schulentwicklungsprozesse beginnen in der Regel mit einer Analyse von Stärken und Schwächen im Hinblick auf die absehbaren Zukunftsherausforderungen und das angestrebte Zukunftskonzept. Entscheidend ist, dass *alle* Beteiligten auf diese Zukunftsreise mitgenommen und angemessen beteiligt werden. Zwar sind inzwischen eine Vielzahl von mehr oder weniger differenzierten Systems der Selbstevaluation entwickelt worden, die insbesondere von Vertretern einer »evidenzbasierten« Pädagogik vertreten werden. Diese Instrumente können in der Tat aufschlussreiche Erkenntnisse liefern und ihr Einsatz kann durchaus sinnvoll sein.

Aufgrund meiner jahrzehntelangen Schul- und Organisationsentwicklungsarbeit mit unterschiedlichen Bildungseinrichtungen und Unternehmen bin ich jedoch skeptisch geworden bezüglich Handhabbarkeit und Wirksamkeit solcher komplexen Instrumente, die z.T. einen so hohen Aufwand erfordern, dass sie die Kapazitäten von mit bescheidenen Ressourcen und Mitteln ausgestatteten Standardschulen häufig übersteigen.

Aus der wissenschaftlichen Literatur zur Wirksamkeit von Change-Prozessen wissen wir zudem, dass bis zu 70% aller Veränderungsprojekte in den Mühen des Alltags versanden, weil sie zu aufwändig sind, nicht auf die entsprechende Akzeptanz der Beteiligten stoßen und nicht selten sogar Widerstände hervorrufen. Aus diesem Grunde favorisiere ich relativ einfach umzusetzende Schul- bzw. Organisationsentwicklungsverfahren wie z.B. die dreiphasige *Zukunftswerkstatt*. Wie meine langjährigen Erfahrungen zeigen, ist sie nicht nur geeignet, das Wissen aller Beteiligten zu vernetzen und gemeinsam getragene Zukunftsvisionen hervorzubringen, sondern unterstützt auch den Aufbau der für einen erfolgreichen Wandel nötigen Motivation.

Da ich zu diesem Verfahren ausführlich publiziert habe (Infos: www.if-future-design.de) beschränke ich mich hier auf eine praxisnahe Anleitung. Sie können diese – unterstützt durch Links, Literaturverweise und Web-Ressourcen – als Anleitung für die eigene Gestaltung von Pädagogischen Tagen, insbesondere als Startpunkt für die Entwicklung einer »Resilienten Schule« nutzen.

Wählen und vernetzen Sie die Schlüsselpersonen!

Ihr Start zur Entwicklung einer Resilienten Schule könnte mit einem Pädagogischen Tag im Format der Zukunftswerkstatt beginnen. Hierzu sollten Sie die *Schlüsselpersonen* Ihrer Schule an ein bis zwei Tagen versammeln, um zunächst gemeinsam Stärken und Schwächen zu analysieren, dann Zukunftsherausforderungen und Zukunftswünsche zu bestimmen, schließlich ein Zukunftskonzept zu entwickeln, einen Umsetzungsplan zu entwerfen sowie erste Umsetzungsschritte zu bestimmen.

»Schlüsselpersonen« sind die Personen, die die wesentlichen Bereiche ihrer Schule repräsentieren, also:

- Lehrkräfte
- SchülerInnen
- Elternvertreter
- anderes Personal
- Schulträger
- Schulpartner
- VertreterInnen relevanter Interessengruppen
- Ggf. Schulentwicklungsexperten
- Kurz: Alle Personen, die wichtig und hilfreich für die Umsetzung Ihres Schulentwicklungsziels sind.

Die Auswahl der »Schlüsselpersonen« richtet sich nach dem thematischen Schwerpunkt, den Sie für Ihre Zukunftswerkstatt setzen und den Sie mit Ihrer Steuergruppe bzw. Ihrer Schulgemeinde vereinbaren. Dafür benötigen Sie diejenigen Personen, die über das nötige Wissen, aber auch den entsprechenden Einfluss verfügen.

Die Teilnehmerzahl unserer Zukunftswerkstätten reicht von 20-120 TN. Unter Corona-Bedingungen kann es sinnvoll sein, diese aus Infektionsschutzgründen zu begrenzen, wie es die mutige Rektorin der Freiherr-von-Stein-Schule Hünfelden inmitten der Krise gemacht hat. Anders als die anderen Schulen, die die geplanten Schulentwicklungstage absagten, ermöglichte sie es – auch unter Corona-Bedingungen –, agile Schulentwicklung zu betreiben, indem sie sich auf 30 repräsentativ zusammengesetzte TeilnehmerInnen beschränkte. Auch das Grimmelshausen Gymnasium Gelnhausen hat bewiesen, dass man durch eine umsichtige Organisation, auch unter Corona-Bedingungen, mit mehr als hundert KollegInnen eine Zukunftswerkstatt durchführen kann. Durch Maskenpflicht und die Wahl eines gut belüfteten Ortes sorgten die Leitungen beider Schulen für ausreichende Sicherheitsbedingungen.

Doch auch wenn Bedenken eine Präsenzveranstaltung verhindern ist eine Einbeziehung aller Beteiligten durch digitale Unterstützungsformate wie Zoom möglich. Das Nachdenken über alternative Konferenzformate – unter Einsatz digitaler Technologien – erweist sich so als ein viel versprechender Ansatzpunkt für die schrittweise Entwicklung der Resilienten Schule – denn es ist durchaus möglich, dass wir in den nächsten Jahren vor ähnlichen Herausforderungen stehen werden und die Nutzung digitaler Systeme benötigen, um den Betrieb unter Krisenbedingungen aufrechterhalten zu können.

Die »Corona-Chance« besteht vor diesem Hintergrund darin, schon jetzt analoge und digitale Formate zu entwickeln, zu erproben und auszuwerten, damit wir nicht nur krisensicher werden, sondern auch neue Wege des Lehrens, Lernens und Kommunizierens erproben.

Entwickeln Sie einen Ablaufplan!

Die Zukunftswerkstatt sollte durch eine repräsentativ zusammengesetzte Steuergruppe – in der Regel in Kooperation mit einem erfahrenen Moderator/Schulentwickler – vorbereitet werden. Das Vorbereitungsteam sollte einen Ablaufplan entwerfen, der für alle Beteiligten als Orientierung dient sowie die räumlichen und sächlichen Voraussetzungen klären.

Im Anhang stelle ich zur Anregung Ablaufpläne für ein- und zweitägige Werkstätten vor, die sich in der langjährigen Praxis bewährt haben. Sie sind baukastenartig aufgebaut, so dass Sie die Ablaufelemente nach Ihren spezifischen Bedürfnissen modifizieren können.

Alle Ablaufpläne sollten – wie nachfolgende Übersicht zeigt – drei simplexe Kernphasen beinhalten:

Eine »Diagnosephase« (1), eine »Visionenphase« (2) und eine »Umsetzungsphase« (3).

Die neue Zukunftswerkstatt – ein wirksames Instrument Wertschätzender SE

Die Zukunftswerkstatt ist angewandte salutogene Führung

Drei Schritte zur guten & gesunden Schule:

1. **Diagnose-/Wertschätzung**
   »Ich blick durch«

2. **Visionenphase**
   »Es lohnt sich«

3. **Umsetzungsphase**
   »Ich kanns packen«

Vor dem Einstieg in diese drei Phasen wird die Zukunftswerkstatt mit einer einführenden Rede der Schulleitung oder von VertreterInnen der Steuergruppe eröffnet. Diese sollte als pointierte »Brandrede« konzipiert sein, die allen Beteiligten das Ziel der Veranstaltung und die Dringlichkeit des Anliegens verdeutlicht. Die Schaffung eines »bedeutungsvollen Kontextes«, der den inhaltlichen Rahmen der Veranstaltung überzeugend setzt, ist nach meiner Erfahrung entscheidend für den Erfolg. Hierzu kann auch ein einführender Expertenvortrag zu den jeweiligen Schlüsselthemen dienen.

Konzipieren Sie eine Diagnosephase!

Nach der programmatischen Einstimmung durch die Schulleitung oder durch VertreterInnen der Steuergruppe beginnen wir mit einer »Diagnosephase«. Diese kann je nach Zielstellung unterschiedlich gestaltet sein. Während sie in der klassischen Zukunftswerkstatt, wie sie von Robert Jungk entwickelt wurde, als »Kritikphase« konzipiert war, favorisieren wir in der »Neuen Zukunftswerkstatt« einen ausgewogenen Blick auf Stärken und Schwächen bzw. Entwicklungsbedarfe. Eine einseitige Fokussierung auf die Schwachstellen führt leicht zur Demotivation. Außerdem verfügt jede Schule über Stärken, die nur selten angemessen gewürdigt werden. Deshalb ist es wichtig, bei der Analyse auf ein ausgewogenes Verhältnis zwischen der Herausarbeitung der Schwächen bzw. Entwicklungsbedarfe und einer Würdigung der vorhandenen Stärken zu sorgen. Als leicht zu handhabendes und erkenntnis- und engagementförderliches Instrument hat sich die SWOT-Analyse erwiesen.

Die SWOT-Analyse:

Zunächst richten Sie in einem Raum vier Stationen zu den Diagnosethemen »Schwächen«, »Stärken«, »Risiken« und »Chancen« ein und bilden vier Gruppen, die sich den Stationen zuordnen. An jeder Station steht eine Pinnwand und liegen Moderationskarten und Nadeln oder Post-its sowie Eddings bereit. Jede Gruppe hat 15 Minuten Zeit, sich über ihre Diagnosen auszutauschen, die wichtigsten Punkte auf Karten zu notieren und wechselt dann im Uhrzeigersinn zur nächsten Station. An der letzten Station hat die Gruppe die Aufgabe die gesammelten Diagnosepunkte zu clustern und einen Kurzvortrag vorzubereiten, um dem Plenum die Kerneinsichten vorzutragen.

Auf diese Weise erhalten Sie und Ihre KollegInnen in 60 Minuten nicht nur eine detaillierte Diagnose Ihrer Schul- und Unterrichtswirklichkeit, sondern haben Sie auch das Wissen aller Schlüsselpersonen vernetzt und eine Basis für deren Engagement gebildet. Es handelt sich um eine Form der Wertschätzenden Befragung, denn die Beteiligten werden als Experten behandelt, was dazu beiträgt, dass sie Verantwortungsbereitschaft für die anstehende Problemlösung entwickeln.

SWOT-Analyse
4 Stationen x 15 Minuten

Station 1: »Schwächen« = rote Karten

Benennen Sie die wichtigsten »Schwächen« oder besser »Entwicklungsbedarfe« Ihrer Schule. Was sind aus ihrer Sicht zentrale »Baustellen«?

Station 3: »Risiken« = blaue Karten

Benennen Sie die wichtigsten Risiken, die Sie sehen, wenn Sie sich mit Ihren KollegInnen auf einen gemeinsame Veränderungsreise begeben

Station 2: »Stärken« = grüne Karten

Benennen Sie die wichtigsten Stärken, die Sie beibehalten und vielleicht sogar ausbauen wollen – Was sind die besonderen Stärken Ihrer Schule?

Station 4: »Chancen« = gelbe Karten

Benennen Sie die wichtigsten Chancen, die Sie sehen, wenn es Ihnen gelingt, zusammen mit Ihren KollegInnen Ihre Visionen bzw. Wünsche nach der Entwicklung einer zukunftsorientierten Konzeption Ihrer Schule umzusetzen.

Anleitung:
- Bei 40 TN 4 Stationen (Karten, Stifte, Pinnnadeln oder Post-its) zu denen die TN alle 15 Min. wechseln. Bei der vierten Runde clustert die Gruppe die Karten und bereitet eine fokussierte Präsentation der Ergebnisse vor.
- In der letzten Runde nehmen die Gruppen ihre geclusterte Ergebnistafel und bringen sie ins Plenum.
- Bei 80 oder mehr TN 2x4 Stationen in zwei Räumen, damit die Gruppen nicht zu groß werden.

Nachdem die Gruppen die vier Stationen bearbeitet haben, stellen sie ihre Einsichten im Plenum vor und es kann sich eine kurze Diskussion anschließen. Auf diese Weise entsteht eine Diagnose, die die Sicht aller Beteiligten einbezieht und damit nicht nur ein gemeinsam geteiltes Problembewusstsein erzeugt, sondern auch die Bereitschaft für ein Engagement in der nun folgenden »Visionenphase« sowie der abschließenden »Umsetzungsphase« erhöht.

Zunächst jedoch folgt eine Kaffeepause, denn es ist wichtig, viel Raum für den freien Austausch zu schaffen.

Der Resilienz-Check:

Wenn im Vordergrund der Zukunftswerkstatt der Einstieg in die mittel- und langfristig angelegte Entwicklung zur Resilienten Schule steht, sollten die offen angelegten Fragen der SWOT-Analyse auf essentielle Resilienz-Anforderungen zugespitzt werden.

Ziel ist es hier, bei allen Beteiligten kritische Analysefähigkeiten anzubahnen und kreative Phantasie für mögliche Resilienzmaßnahmen zu fördern.

Ich habe diesen Resilienz-Check als Test konzipiert, der darauf abzielt, in möglichst einfacher Form einen schnellen Eindruck vom gegenwärtigen Resilienz-Status und der Zukunftsfähigkeit Ihrer Schule zu liefern. Die Fragen liefern zugleich auch erste Ansatzpunkte für mögliche Interventionsmaßnahmen. Sie können diesen Test von den Teilnehmer/innen der Zukunftswerkstatt auch vor der Veranstaltung durchführen lassen. Sie erhalten so ein anschauliches Diagramm, das schon auf den ersten Blick allen Beteiligten deutlich macht, wie es um Ihre Schule steht und welche Entwicklungsbedarfe und Entwicklungsthemen sich zeigen.

Die Fragen des Tests weisen nicht von Ungefähr weitgehende Übereinstimmungen mit »Future Fridays« (Burow 2020), meinem Test zur »Zukunftsfähigkeit« von Schule auf, den ich in meinem Plädoyer für ein »Schulfach Zukunft« vorgestellt habe. Denn auch unabhängig von Corona waren diese Entwicklungsschwerpunkte seit langem gefordert. Sie finden den Resilienz-Test in *Kapitel 6* und zusätzlich im Internet, so dass Sie ihn ausdrucken und gemeinsam nutzen können.

Die Visionenphase

Wenn die Beteiligten erkannt haben, wie Stärken, Schwächen, Risiken und Chancen gesehen werden, dann geht es in einem zweiten Schritt darum, Vorstellungen zu entwickeln, wie eine zukunftsorientierte, »Resiliente Schule«, die wir uns wünschen, aussehen könnte.

In der Visionenphase geht es vor allem darum, den Blick durch die Chancenbrille für Möglichkeiten »eingreifender Zukunftsgestaltung« zu schärfen, um im Sinne von Bruch und Vogels (2009) Konzept der organisationellen Energie die häufig vorherrschende »korrosive Energie« in »produktive Energie« zu verwandeln.

Diesem Ziel dient die Visionenphase. Grundlegend für diesen Übergang ist – wie nachfolgendes Schaubild illustriert – ein Perspektivenwechsel: die Ersetzung linearen Denkens durch transformatives Denken, Fühlen und Handeln. Was verstehe ich darunter?

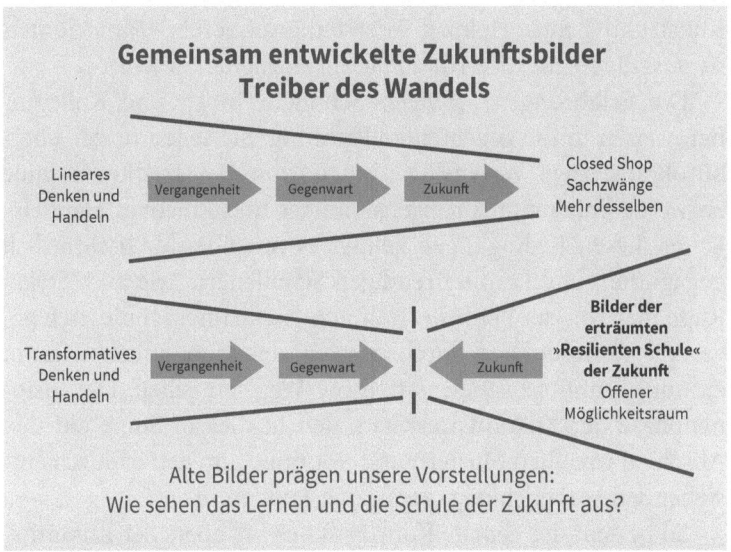

Normaler Weise betrachten wir wie sich Probleme ausgehend von der Vergangenheit in der Gegenwart fortgesetzt haben und schreiben die sich daraus ableitendenden Entwicklungstrends in die Zukunft fort. Auf diese Weise erscheint die Zukunft als lineare Fortschreibung der Gegenwart, mit dem Resultat, dass wir zu oft in der »Mehrdesselbenfalle« festsitzen: Lösungen aus der Vergangenheit werden auf die Zukunft übertragen und so häufig qualitativer Wandel verhindert.

Wenn wir über die Entwicklung zukunftsorientierter, resilienter Schulen nachdenken, kann es aber nicht darum gehen, ein tradiertes Schulsystem zu optimieren, wie es einige der Propagandisten der empirischen Bildungsforschung derzeit betreiben, sondern darum, darüber nachzudenken, wie eine Schule aussehen könnte, die im Sinne der Positiven Pädagogik (Burow 2011) Wohlbefinden, Spitzenleistung und Resilienzfähigkeit gleichermaßen miteinander verbindet. Ziel zukunftsorientierter, transformativer Vorgehensweisen muss es sein, unseren Handlungsspielraum zu erweitern und für Krisensicherheit zu sorgen. Dabei sollten Sie sich an der Maxime des Begründers des sozialen Konstruktivismus, Heinz v. Foerster, orientieren: »*Handele stets so, dass die Anzahl der Wahlmöglichkeiten größer wird!*«

Die Erfahrungen zu vieler SchulleiterInnen und KollegInnen weisen in die gegenteilige Richtung: Sie sehen in der überbürokratisierten, verregelten und normierten Traditionsschule zu wenig Spielraum für eigenständiges und kreatives Handeln. Unter diesen Bedingungen gelingt es nur überdurchschnittlich engagierten und konfliktfreudigen Schulleitern, wie z. B. Stefan Ruppaner von der bereits erwähnten Alemannenschule, sich gegen die Konventionen durchzusetzen, den Handlungsspielraum zu nutzen und selbstbewusst eigene Wege zu gehen. Die Visionenphase der Zukunftswerkstatt zielt in diesem Sinne auf den Abschied von alten Mustern und Routinen, um den dadurch entstehenden »Möglichkeitsraum« zu erkunden.

So besteht der geniale Kunstgriff des Erfinders der Zukunftswerkstätten, Robert Jungk, dass er uns schon in den sechziger Jahren des letzten Jahrhunderts darauf hingewiesen hat, dass sich die Zukunft nicht zwangsläufig als lineare Fortschreibung von Vergangenheit und Gegenwart darstellen muss. Wie uns nicht zuletzt das unerwartete Auftreten der Pandemie gezeigt hat, ist Zukunft nicht vorhersagbar, sondern wird durch unvorhersagbare Überraschungen bestimmt. Daher ist es so wichtig, dass wir uns bei unserer Vision, aber stärker noch in der Realisierungsphase vom linearen Denken verabschieden und durch Simplexity, Fehlerfreundlichkeit und Offenheit dafür sorgen, gewissermaßen »präventiv« auf überraschende Ereignisse eingestellt zu sein.

Unsere Reformmaßnahmen müssen deshalb so gestaltet sein, dass sie auch unter Krisenbedingungen funktionieren. In der Flugbranche sieht man zur Krisenprävention doppelte und dreifache Instrumentenausstattungen vor. In der Schule benötigen wir zusätzlich zu den bewährten Präsenzverfahren auch digital unterstützte Kommunikations- und Unterrichtsinstrumente. Dabei geht es auch darum, bewährte Muster des »Schule-Machens« mit neuen Formaten zu kombinieren, denn nur wenn diese in ein sinnvolles pädagogisches Konzept eingebunden sind, werden sie auch wirksam Krisenbewältigung unterstützen.

Wer zwingt uns beispielsweise, den Stress an Schulen immer mehr zu erhöhen? Wer sagt uns, dass wir mit den Methoden von gestern die Probleme von morgen lösen können? Warum können wir Schule nicht von ihrer gewandelten Funktion unter schnell sich ändernden gesellschaftlichen Rahmenbedingungen her neu denken und die Konventionen hinter uns lassen? Warum können wir uns nicht von den antiquierten Bildern einer nach dem obrigkeitsstaatlichen Bürokratiemodell des letzten Jahrhunderts und nach der Logik des Fabriksystems der Massenproduktion strukturierten Schule verabschieden und stattdessen eine leistungsförderliche Wohlfühlschule schaffen? Wer oder was hindert uns daran? Warum muss Schule Schüler nach Alterskohorten sortieren, in Klassenräumen einsperren und einen normierten Takt vorgeben? Warum bricht Schule zusammen, wenn die Möglichkeiten des Präsenzunterrichts durch einen Virus oder sonstige, jederzeit mögliche Ereignisse eingeschränkt werden? Fragen über Fragen, denen wir uns in den letzten Jahren zu wenig gestellt haben. Nur wenn wir uns solchen Fragen stellen, kann sich die Pandemie als »Corona-Chance« erweisen, denn durch sie sind wir mit aller Dringlichkeit gefordert, Antworten zu finden.

Und es kommt noch etwas hinzu, was ich in einer Vielzahl der von mir durchgeführter Zukunftswerkstätten in den letzten Jahrzehnten immer wieder erlebt habe:

Wenn sich Kollegien und die Mitglieder der Schulgemeinde auf das Experiment der Visionenphase einlassen und sich für eine begrenzte Zeit ihren Träumen und Wünschen hingeben, dann entdecken Viele zu ihrer Überraschung, dass wir in unseren Träumen begeisternde Bilder von Lernen und Schule im Kopf haben, die in vielen Aspekten dem, was wir täglich praktizieren, entgegenstehen – und darüber hinaus mit den Erkenntnissen der Lehr-/Lernforschung übereinstimmen. Ja, wenn wir den auf unseren Zukunftsreisen freigesetzten, inneren Bildern (Hüther 2004) folgen würden, verschwänden viele der beklagten Missstände und Belastungen. Einschränkende Rahmenbedingungen mögen wichtig sein, doch – wie die Selbstbesinnung offenbart – ist ein großer Teil der Belastung selbst gemacht.

In der Visionenphase haben wir zumindest die Chance, überkommene Vorstellungen zu überwinden und zu transformativem Denken, Fühlen und Handeln vorzustoßen. Wie läuft dieser Prozess konkret ab und was kommt dabei heraus?

Der Ablauf der Visionenphase

Anknüpfend an eine kurze Entspannungsphase, in der wir den Teilnehmer/innen vorschlagen, die Augen zu schließen und sich auf sich selbst zu konzentrieren, unternehmen wir gemeinsam eine Zeitreise in eine erwünschte Zukunft, die ja nach Zielsetzung näher oder ferner an der Gegenwart liegen kann.

Begleitet durch wenige Worte (siehe Beispiel unten) und manchmal auch entspannende Musik werden die Teilnehmer/innen darin unterstützt, sich vorzustellen, wie ihre Schule und vor allem ihr Schul- und Unterrichtsalltag beispielsweise im Jahr 2030 aussehen könnten, wenn sie – angeregt durch diese Zukunftswerkstatt – Schritt für Schritt eine resilienzfähige Wohlfühl- und Leistungsschule realisiert hätten. Fragen folgenden Typs sollen zu einem Neudenken von Schule aus der Gesundheitsperspektive anregen:

- Wie ist der Tagesablauf in einer solchen Schule strukturiert?
- Wie sind Lernen und Unterricht organisiert, sodass sie Lust und Leistung miteinander verbinden?
- Wie wird für einen sinnvollen Rhythmus von An- und Entspannung gesorgt?

- Welche Maßnahmen sind getroffen worden, die für Entlastung sorgen?
- Wie sind Arbeits- und Ruhezonen gestaltet? Gibt es noch Klassenzimmer?
- Wie ist für ausreichende Bewegung und gesunde Ernährung gesorgt?
- Wie wird für Arbeitserleichterung durch Kooperation gesorgt?
- Wie werden Lehrer/innen, Eltern und Schüler/innen gleichermaßen in den Optimierungsprozess einbezogen, so dass eine »lernende« Schule entsteht?
- Welche baulichen bzw. innenarchitektonischen Veränderungen haben stattgefunden?
- Durch welche alternative Unterrichtsformate und Hygienekonzepte wird für Resilienzfähigkeit gesorgt?
- Wie ergänzen sich analoge und digitale Formate?
- Durch welche Strukturen, Angebote, Instrumente ist dafür gesorgt, dass auch bei Ausfall von Teilsystemen der Betrieb aufrechterhalten werden kann?
- Wie hat sich die Schulkultur verändert?
- etc.

Fragen dieses Typs sollen dazu beitragen, sich von Alltagszwängen und Denkroutinen freizumachen, um zu den inneren Wünschen, den »inneren Bildern« zurückzukehren, die uns einen Zugang zu unseren vergessenen Bedürfnissen ermöglichen. Dahinter steht die Einsicht, dass der Kontakt zu unseren innersten Wünschen eine entscheidende Quelle zur Umorientierung unseres Handelns in Richtung auf die Ermöglichung von Selbstaktualisierung und damit auch Gesundheit und Glück ist. Da dieses Wissen weniger sprachlich als stärker körperlich, also in unserem Gesamterleben verankert ist, weswegen Joachim Bauer (2004) in seinem gleichnamigen Buch vom »Gedächtnis des Körpers« bzw. »somatischen Markern« spricht, fokussieren wir hier zunächst auf die Ebene der inneren Bilder, des »pictorial knowledge«, des Bildwissens.

Bildwissen (sehen, erkennen) ist in der Verbindung mit explizitem Wissen (nennen, sagen) und implizitem Wissen (schaffen, tun) ein wichtiger Faktor für die Freisetzung bislang unerkannter kreativer Potenziale und den Aufbau von Motivation zum engagierten Handeln.

So fordern wir die Teilnehmer/innen nach Abschluss der Zeitreise dazu auf, ihre Vorstellungen einer »gesunden Wohlfühlschule« zunächst in Form eines Symbols mit bunten Ölkreiden auf die obere Hälfte eines in der Mitte gefalteten DIN-A4-Blattes zu skizzieren. Auf die untere Hälfte sollen sie ein Wort, eine Unterschrift, einen Slogan oder Ähnliches schreiben, der den Kern ihrer Vision umreißt. Schließlich soll das Zukunftsbild der erträumten Wohlfühlschule durch einige Stichworte in den Kernelementen erläutert werden.

Im Anschluss findet der Marktplatz statt: Alle versammeln sich auf einer freien Fläche und stellen sich gegenseitig ihre Zukunftsbilder vor, bis ein Signal gegeben wird und sie nach ähnlichen und/oder sie interessierenden Symbolen Visionengruppen bilden, die die Aufgabe haben, sich zunächst auszutauschen und dann eine gemeinsame Vision zu entwickeln, die anschließend im Plenum präsentiert werden soll. Bevor ich beschreibe, was bei diesem Vorgehen herauskommt, füge ich hier eine »Anleitung zur Reise in die Zukunft« an.

Beispieltext zur Anleitung einer Reise in die Zukunft

1. *Erläuterung der Methode »Zukunftsreise«*
2. *Entspannung nach Jacobson*
3. *Patrick Ball: Celtic Harp als Hintergrundmusik*
4. *Text mit genügend Zeit zum Nachdenken:*
   - *»Stellen Sie sich einen Tag im Jahr 2030 vor. Zusammen mit Ihren Kolleginnen und Kollegen haben Sie Ihre Schule, die Arbeitsplätze, den Unterricht, den Umgang mit Kollegen und Schülern so umgestaltet, dass Sie hohe Leistungen erzielen und trotzdem nicht überlastet sind, sondern die Schule als an-*

regenden und erfüllenden Raum erfahren. Im Jahr 2030 sind Ihre Schule und Ihr Arbeitsplatz so, wie Sie es sich wünschen. Alles ist möglich!
- Sie frühstücken und freuen sich auf den Tag an Ihrer Schule.
- Wie gelangen Sie zu Ihrer Schule?
- Sie stehen jetzt vor dem Gebäude. Sie betrachten es von Außen. Was sehen Sie? Hat sich etwas verändert? Wenn ja, was?
- Wann beginnt der Schultag? Wie sieht eine geeignete Zeitstruktur aus?
- Sie gehen jetzt in die Schule und treffen Kollegen und Schüler. Wie ist der Morgen organisiert? Es ist so, wie Sie es sich wünschen.
- Wie sieht Ihr Arbeitsplatz aus? Er ist so gestaltet, wie Sie es sich wünschen. Sie haben ja zwei Arbeitsplätze: einmal als Lehrer/in und einmal als Schulleiter/in ...
- Jetzt beginnt der Schulvormittag. Wie ist der Tagesablauf organisiert? Wie der Unterricht und die Pausen?
- Arbeiten Sie allein oder im Team?
- Sie haben Ihre Vorstellungen einer gesundheitsförderlichen Schule und eines entsprechenden Arbeitsplatzes umgesetzt. Was haben Sie an Ihrer Art zu unterrichten und im Umgang mit Schülern verändert? An Ihrem Umgang mit Kollegen verändert? Durch welche Maßnahmen haben Sie dafür gesorgt, dass Ihre Belastungen und die Ihrer Kolleginnen und Kollegen reduziert sind?
- Der Vormittag geht zu Ende. Sie fühlen sich entspannt und angeregt. Es war eine Freude zu arbeiten. Wie ist es ihnen gelungen, die Arbeit so angenehm zu gestalten?
- Jetzt beginnt der Mittag. Wie ist er organisiert? Was machen Sie am Arbeitsplatz? Sie können selber entscheiden, ob Sie in Zukunft Ganztagsschule sind oder nicht.
- Gibt es noch Konferenzen oder haben sich neue Formen des Austausches mit Kolleginnen und Kollegen entwickelt?
- Jetzt beginnt der Nachmittag. Wie ist er organisiert?
- Der Schultag geht jetzt zu Ende. Aber heute ist ein besonderer Tag: Fünf Jahre, nachdem Sie an einer Zukunftswerkstatt zur Entwicklung der »Resilienten Schule« teilgenommen haben, sind viele Ziele erreicht und Ihre Schule ist als eine der bes-

ten Schulen Deutschlands ausgezeichnet worden. Zusammen mit den Kolleginnen und Kollegen feiern Sie Ihren Erfolg und stellen die Kernpunkte vor, mit denen Sie dieses Ziel erreicht haben. Was sind die wichtigsten Kernpunkte?
- Und nun geht dieser Schultag im Jahr 2030 zu Ende. Versuchen Sie – zunächst vor Ihrem inneren Auge – ein Symbol zu finden, das den Wandel zum gesunden Arbeitsplatz ausdrückt. Ein Symbol muss nichts Besonderes sein, es kann eine Farbe sein oder aus ein paar Strichen bestehen.
- Wenn Sie soweit sind, kehren Sie mit Ihrer Aufmerksamkeit in den Raum zurück und seien Sie ganz da.

5. Rückführung und Aufgabenstellung:
- Behalten Sie Ihre Vision zunächst für sich und skizzieren Sie Ihr Symbol auf die obere Hälfte eines in der Mitte gefalteten DIN-A4-Blattes. Vielleicht gibt es ein Wort, einen Satz, der Ihre Vision ausdrückt. Skizzieren Sie dann auf der unteren Hälfte in Stichpunkten die wichtigsten Elemente der gesunden und resilienten Schule der Zukunft, die Sie sich wünschen.

Ergebnisse der Visionenphase

Was kommt bei diesem Verfahren heraus? Zunächst herrscht – in Gruppen von 20 bis zu 120 Personen – eine Atmosphäre konzentrierter Stille. Nicht wenige denken zum ersten Mal in ihrem Leben systematisch über ihre innersten Wünsche für eine optimale Lehr-Lern-Umgebung bzw. einen idealen Arbeitsplatz nach. Ja, ich habe schon Kolleginnen und Kollegen erlebt, denen es dabei schwindlig wurde: »Mir ist bewusst geworden«, sagte mir ein etwa 50 Jahre alter Lehrer, »dass ich mir in den letzten Jahren das Träumen verboten habe«.

Im Anschluss an die »Reise« und die Präsentation der Symbole und Slogans auf dem Marktplatz bilden sich Kleingruppen, die ca. zwei Stunden Zeit haben, eine gemeinsame Vision zu entwickeln. Diese kann aus einem Modell, einer Aktion, einer Radiosendung aus der Zukunft und vielem mehr bestehen. Alles, was geeignet ist, den TeilnehmerInnen die jeweilige Vision plastisch erfahrbar zu machen, ist möglich.

In dieser Phase wird die Zukunftswerkstatt zu einer Art visionärem Erwachsenentheater. Es ist für mich nicht möglich, in diesem Text die Kreativität der entstehenden Gestaltungen und die Intensität der erlebten Emotionen angemessen widerzugeben. Nur soviel: Selbst in einem in Routinen erstarrten Kollegien bricht oft eine erstaunliche Gestaltungsfreude auf, die ein Schlaglicht wirft, auf das oftmals zu wenig erkannte und genutzte Talent- und Veränderungspotenzial, das in fast jedem Kollegium seiner Freisetzung harrt.

Widerstände gehören zum Wandel

Einige KollegInnen sind allerdings zu resigniert, als dass sie sich auf dieses Experiment einlassen könnten. Häufig bleiben sie an den Rahmenbedingungen hängen: Solange die sich nicht änderten, so ihr Einwand, seien die Visionenphase ebenso wie die Veranstaltung insgesamt nur eine folgenlose Spielerei.

Dass dies nicht zwangsläufig zutrifft, sondern nicht selten das Gegenteil der Fall ist, wissen wir aufgrund unserer Erfahrungen aus den letzten drei Jahrzehnten: Wenn ein Kollegium sich auf den Prozess einlässt und ausgehend von der gemeinsamen Diagnose über die Visionenbildung zur Definition gemeinsam getragener Ziele und der Einleitung konkreter Umsetzungsschritte vordringt, sind vergleichsweise wirkungsvolle Änderungen innerhalb kurzer Zeit möglich – was selbst bei Skeptikern die Widerstände schwinden lässt.

Entscheidend dafür ist der veränderte Blick durch die »Chancen- bzw. Visionenbrille«, der in die Erkenntnis eines breiten Vorrats an gemeinsam geteilten Wünschen und Zielen für die Entwicklung einer gesunden Schule mündet. Eine gelingende Visionenphase führt durch die Zentrierung auf elementare Wünsche zu einer Rückbesinnung auf das Wesentliche. Sie mündet meist in die »*Entdeckung des gemeinsamen Grundes*« (Weisbord

1992) bzw. eines »sense of coherence« (Antonovsky/Franke 1997) und bewirkt damit zumindest punktuell die Aufhebung von Fragmentierung, die in vielen Schulen – neben unzureichenden Rahmenbedingungen – eine der Hauptursachen für Stagnation und Fehlentwicklungen ist.

Die Präsentation der in Gruppen erarbeiteten Visionen bzw. Zukunftsbilder ist meist begleitet von freudigen Gefühlen des Aufbruchs und der Befreiung: Ob es sich um Schulleiter/innen rheinland-pfälzischer Grundschulen handelt, die Direktoren Frankfurter Berufsschulen, das Kollegium einer Dresdner Grundschule, eines Essener Gymnasiums, einer Herforder Hauptschule oder hessische Studienseminarleiter/innen – stets entstehen lustvoll gestaltete Inszenierungen einer gewünschten Zukunft von Schule und/oder Lehrerbildung. Die Gestaltung möglicher Zukünfte belebt und unterstützt die Entwicklung produktiver Energie.

Außerdem werden oftmals bislang unerkannte Talente von Kolleginnen und Kollegen, Eltern und Schüler/innen sichtbar, etwa wenn sie in origineller Weise in Form eines Sketches oder einer Aktion erträumte Situationen der Wohlfühlschule der Zukunft inszenieren. Mancher wird sich jetzt vielleicht fragen, inwieweit die Entwicklung und Vorstellung solcher Zukunftserzählungen hilfreich sein soll für den Aufbau einer »gesunden«, »resilienten« Schule.

Zukunftserzählungen prägen die Schulkultur

Aus der Organisationsforschung wissen wir, dass die Kultur einer Organisation die Summe der Geschichten ist, die man sich über sie erzählt. Dabei gilt die Regel: Gute Geschichten werden von besseren verdrängt. In gelingenden Visionenphasen werden »gute Geschichten« entwickelt, die geeignet sind, die alten zu verdrängen und damit die Entwicklung eines Kulturwandels anzubahnen. Gute Geschichten verdichten sich zu klar strukturierten und emotional positiv besetzten, kohärenten Bildern, die wir in unserem Inneren dauerhaft abspeichern und die sich leicht abrufen lassen.

So inszenierten – um ein Beispiel zu nennen – hessische Studienseminarleiter/innen eine Sitzung des Amtes für Lehrerbildung, die darin mündete, dass alle Beteiligten zunächst einen »Tanz des Wandels« aufführten, sich anschließend in einem Kreis versammelten und sich gegenseitig unterhakten, um in dieser fokussierten Aufstellung im Sinne eines Brainstormings weitere Ideen des Wandels vorzutragen. Ein Mitglied verdichtete diese Performance in einem Bild, das einige der Elemente enthält, die immer wieder in unseren Zukunftswerkstätten auftauchen und die nicht nur auf geteilte Grundbedürfnisse, sondern auch auf Prinzipien erfolgreicher Schulentwicklung hindeuten:

Bildungsglück

In dieser wie in vielen anderen Abbildung zeigen sich drei Dimensionen des oftmals zu wenig beachteten »pädagogischen Tiefenwissens«:

- *Individuelle Förderung*: In allen Visionen ist Schule so organisiert, dass Lehrer/innen und Schüler/innen Raum für die Entwicklung ihrer persönlichen Begabungen und Neigungen haben.
- *Demokratie:* In allen Visionen wird Demokratie in der Gemeinschaft gelebt.
- *Glück:* In allen Visionen tauchen Bilder energiegeladener Bildungsprozesse und harmonisch gestalteter Umgebungen gemeinsamen Lernens und Lebens auf. Die Teilnehmer/innen sind im Flow – Lernen ist eine lustvolle Aktivität und Schule bzw. die jeweilige Organisation sind Orte der Freude und des persönlichen Wachstums.

Ich verfüge mittlerweile über Hunderte solcher Zukunftsbilder aus unterschiedlichsten Werkstätten mit verschiedensten Teilnehmerkreisen, die eine ähnliche Richtung weisen.

Analysen dieser Zukunftsbilder führen zu der These, dass in allen Organisationen, auch in unseren Schulen, unter der Oberfläche des Alltagshandelns ein verborgenes »pädagogisches Tiefenwissen« schlummert, dessen Freisetzung in der Gemeinschaft eines der wirkungsvollsten Mittel ist, um korrosive Energie in produktive Energie zu verwandeln.

Und das Beste: Diese Energie wird im Hier und Jetzt der Präsentationsphase von den Beteiligten erfahren. Wenn wir über gestaltbare Zukünfte nachdenken und sie inszenieren, erleben wir im Hier und Jetzt das, was wir erreichen wollen: die Kraft kreativer Kollaboration, Lernen im Flow, Resonanz und die Erfahrung einer Wohlfühlumgebung.

Was sind die Hauptbelastungspunkte?

Wie sehen nun die Vorstellungen einer gesundheitsförderlichen, resilienzorientierten Schule aus, die eine Pädagogik des Wohlbefindens bzw. des Glücks (Burow 2011/2014) realisiert? Ich beginne mit einer Darstellung der Vorstellungen von Schulleiter/innen bezüglich der gesunden Schule und ergänze sie dann um die weitergehenden Vorstellungen, die in Werkstätten mit Lehrer/innen, Eltern, Schüler/innen etc. entstanden sind.

Die entwickelten Zukunftsbilder erweisen sich in weiten Teilen als Umkehrbilder zu den in der Diagnosephase erhobenen und weitgehend geteilten Belastungsfaktoren. Dabei handelt es sich vor allem um Faktoren wie

- zu geringe Entscheidungsspielräume bezüglich Finanzen, Mitarbeiterauswahl;
- Überforderung durch bürokratische Abläufe und wachsende Aufgabenfülle;
- Zeitmangel durch zu viele Termine, Fremdbestimmung, Vielfalt der Anforderungen;
- Überforderung durch Kolleginnen und Kollegen und ungünstige Kommunikationsstrukturen;
- Überforderung durch Gleichzeitigkeit von Management- und Unterrichtsaufgaben;
- Überforderung durch hohe Erwartungshaltungen von Eltern, Schüler/innen, Kollegium, Schulaufsicht, eigene Ansprüche, Öffentlichkeit etc.;
- Schwierigkeiten, für sich zu sorgen, aufgrund objektiver Anforderungen, aber auch eines übersteigerten eigenen Anspruchs und fehlender Bewältigungskompetenzen;
- Überforderung durch Konfliktmanagement;
- Überforderung durch ständig neue Aufgaben, ohne dafür eine entsprechende Anleitung und/oder Mittel zu erhalten;
- erstarrte Rollenbilder, fehlende Freiräume und unzureichende Autonomie;
- fehlende bzw. ungeeignete Anreizsysteme;
- zu wenig Rückzugs-, Ruheräume, fehlende Work-Life-Balance;
- unzureichende digitale Ausstattung und fehlende Kompetenzen für digital unterstütztes Unterrichten;
- mangelnde Ausbildung von spezifischen Schulleiterkompetenzen wie zum Beispiel der Fähigkeit zur Delegation;

- fehlende Entlastung durch kollegiale Unterstützungssysteme und geeignete Teamstrukturen;
- fehlende Hilfen beim Umgang mit »verhaltensoriginellen« Schülern.

Ergänzt wird diese Liste von Überforderungspunkten durch eindrückliche symbolunterstützte Gestaltungen der Diagnoseplakate, die Überforderung auch emotional sinnfällig machen. So sitzen Schulleiter/innen im Kochtopf und werden gekocht; sie sind mutierte, mehrarmige Geschöpfe, die verzweifelt versuchen, den unterschiedlichen Anforderungen gerecht zu werden; sie stellen sich als Jongleure dar, die zu viele Bälle unter Kontrolle halten müssen; sie sind Artisten auf dem Seil oder einer Wippe und bemühen sich verzweifelt, nicht abzustürzen bzw. die Balance zu verlieren; sie werden in einer Presse zerquetscht; sie hantieren mit sechs Telefonhörern gleichzeitig. Nach solchen und ähnlichen Bildern herrscht eine Stimmung der Betroffenheit, die die Frage entstehen lässt, worin mögliche Auswege bestehen könnten.

Wie sieht die »gesunde« und »resiliente Schule« aus?

Ganz anders ist die Situation in der Visionenphase. Die Teilnehmer/innen sind entspannt, fröhlich, ja manchmal verbreitet sich auch Begeisterung. Die Visionenpräsentationen der Arbeitsgruppen sind energiereich, sprühen vor Produktivität, es wird gelacht und Aufbruchsgefühle machen sich breit. Schulleiter/innen – so unsere Erkenntnis – unterscheiden sich in ihren Vorstellungen der optimalen, gesunden Schule der Zukunft nur geringfügig von anderen an Schule beteiligten Gruppen wie Lehrkräften, Schülern und Eltern.

Schule wird meist als ein Ort dargestellt, an dem das Leben und Lernen in der Gemeinschaft dem Ziel gemeinsamen Wohlfühlens und Entwickelns gewidmet ist. Neue Lehr-Lern-Formen und eine »ganzheitliche«, an menschlichen Grundbedürfnissen und der Ökologie orientierte Architektur sollen dies ermöglichen.

Wenn wir uns in der Zukunftswerkstatt auf das Thema Gesundheit konzentrieren, dann stehen bei den Schulleiter/innen vor allem Überlegungen zu diesem Bereich im Vordergrund, während in unseren offeneren Schulentwicklungswerkstätten von Kollegen, Schülern und Eltern immer wieder innovative Schulgebäude und Schuldörfer entwickelt werden. In den individuellen Visionen beeindruckt die kraftvolle Energie, die sie ausstrahlen: Überforderung und Fragmentierung sind einer Zentrierung auf das Wesentliche gewichen. Durch Kreise, runde Tische, blühende Blumensträuße, Regenbögen, bunte Farben, wärmende Sonnen und Ähnliches wird die Vorstellung einer Schule ausgedrückt, die Vielfalt als Chance zur Bereicherung der Gemeinschaft nutzt.

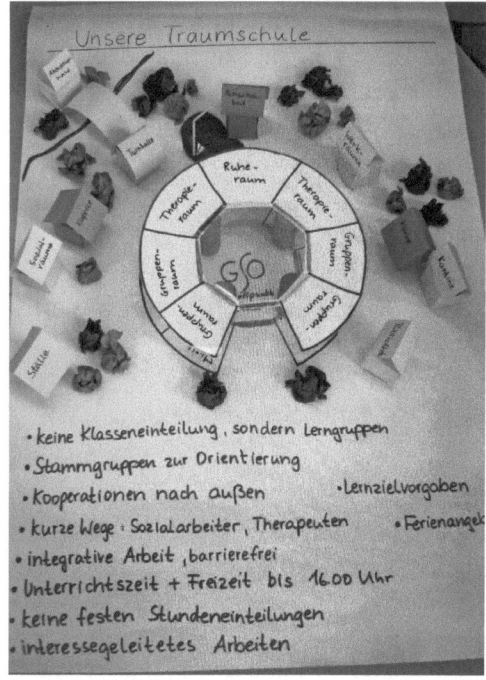

Typische Darstellung aus der Visionenphase

»Die Schule mit Herz, wo alle gern arbeiten«, betitelt eine Rektorin ihre Herzskizze; »gebündelte Vielfalt« benennt eine Kollegin ihren bunten Kreis, in dem sich verschiedenfarbige und unterschiedliche Figuren versammelt haben; »Alles fließt!« steht unter dem Bild blauer Wellen. Vierblättrige Glückskleeblätter, strahlende Sonnen, sich begegnende Hände – unmöglich, die Vielfalt der kreativen Gestaltungen in dürren Worten wiederzugeben, zumal ich hier nur einen unzureichenden Eindruck der meist emotional berührenden Situationen wiedergeben kann. Nur soviel: Offenbar eignet sich die Visionenphase – unterstützt durch die Arbeit mit Symbolen – dazu, das »Prinzip Menschlichkeit« (Burow/Scherpp 1981; Bauer 2006) in die Schule zurückzuholen und sie – zunächst in der Freisetzung vergessener Grundbedürfnisse – zu einem »Haus der Lebenslust« zu machen.

Die Visionen der KollegInnen münden in die Benennung einiger Kernprinzipien, die auch von Eltern und Schüler/innen als besonders wichtig hervorgehoben werden. Dabei handelt es sich um einige wenige gemeinsam geteilte Kernprinzipien wie

- selbstbestimmtes Lernen und Autonomie;
- Gemeinschaft, Wir-Gefühl;
- Vertrauen, Wertschätzung und echte Akzeptanz;
- gegenseitiger Respekt, Gleichberechtigung, Demokratie;
- Individualisierung, freie Themenwahl, selbstorganisiertes Lernen;
- Öffnung von Schule und freie Lernorte;
- Lust am Lernen, intrinsische Motivation, Leidenschaft;
- Freude/Glück;
- Begegnung und Zeit;
- ausgewogenes Verhältnis von Geben und Nehmen.

Merkmale der »gesunden« und »resilienten Schule«

Eine zentrale Einsicht aus unseren Schulentwicklungswerkstätten zum Abbau von Belastungen besteht in der Erkenntnis, das Lehrer, Schüler und Eltern über ein bislang kaum genutztes »Pädagogisches Tiefenwissen« (Burow 2011) über förderliche Lehr-/

Lernumgebungen besitzen, das sich in den Kernprinzipien verdichtet und das genutzt werden kann, um wirksam Belastungen abzubauen.

Voraussetzung für die Freisetzung dieses Tiefenwissens über Gestaltungsmerkmale einer gesunden Schule besteht darin, in Zukunftswerkstätten für die »richtige« Mischung zu sorgen, also Lehrer, Schülervertreter, Elternvertreter und sonstige an Schule beteiligte Personen an einem Tag zu versammeln, um ihr Wissen und ihre Wünsche in der »Entdeckung des Gemeinsamen Grundes« zu verdichten.

Im Rahmen eines Schulentwicklungsprojektes zur Hochbegabtenförderung haben wir in diesem Sinne mit 15 Schulen gearbeitet (Burow/Steenbuck 2011) und die Einsichten der Beteiligten zusammengefasst. Eine wichtige Einsicht dieses Projektes bestand darin, dass Schüler/innen wichtige Impulse für Schulentwicklung geben können. So fanden zur Vorbereitung des Pädagogischen Tages in allen Klassen Zukunftswerkstätten statt, in denen die GrundschülerInnen ihre Schule analysierten.

Was sind aus Sicht von Grundschülern die wichtigsten Merkmale einer begabungs- und gesundheitsförderlichen Schule? Nachfolgend liste ich nur die wichtigsten Punkte auf:

Architektur:
- fröhliche, farbig eingerichtete Klassenräume, Klingel mit schönem Ton, gemütliche Sitzecken, Pflanzen und Tiere im Klassenraum oder in der offenen Lernlandschaft;
- Bewegungsangebote: mehr Bewegung, Hügel zum Klettern und Rodeln, besser gestaltete Schulhöfe, mehr Spielgeräte, Labyrinth, Fitnessraum, Versteckhaus, Toberaum und Ähnliches;

Unterricht:
- weniger Klassenarbeiten, weniger Hausaufgaben, freie Themenwahl und freie Stundeneinteilung, mehr selbstbestimmtes Lernen, »einmal Chef sein«;

Natur:
- mehr Grün, mehr Bäume, zu wenig Lebendiges, Tiere;
- Entspannung: Raum zum Ausruhen, längere Pausen, späterer Schulbeginn;
- freie Angebote: längere Öffnung der Bücherei, Kunstraum, vielfältige Wahlangebote.

Man sieht: Schon Grundschüler haben sehr konkrete und sinnvolle Vorstellungen darüber, was man braucht, um eine »gesunde Schule« zu gestalten. Lehrer/innen und Eltern waren in diesem Projekt mit 15 Grundschulen beeindruckt von der Fähigkeit schon von Erst-, Zweit- und Drittklässlern, Probleme zu benennen und Verbesserungsvorschläge zu entwickeln.

Die von Lehrer/innen, Eltern und Schüler/innen erarbeiteten Prinzipien und Veränderungswünsche benennen Grundbedürfnisse, die auch von der Lehr-Lern-Forschung bestätigt werden und deren Berücksichtigung die Wahrscheinlichkeit erfolgreichen Lernens erhöht.

Klären Sie Ihren »Zukunftscode«!

Eine wichtige Voraussetzung für die Schaffung einer »Resilienten Schule« ist ein »Zukunftscode«, der die wichtigsten, von allen geteilten Ziele der Schulentwicklung in 3 Kernwerten und 3x3 Nebenwerten auf den Punkt bringt. Das in der Visionenphase sich offenbarende »pädagogische Tiefenwissen« offenbart einen im Alltag der Organisation verborgenen »Gemeinsamen Grund«. Eine entscheidende Herausforderung im Anschluss an die Visionenphase besteht nun darin, diesen Gemeinsamen Grund durch Versprachlichung in drei Werten zu verdichten und dadurch als Orientierungsgrundlage für das agile Handeln in schwierigen Situationen verfügbar zu machen.

Der Zukunftscode wird unterstützt durch ein verdichtetes symbolisches oder konkretes Bild, dass die gewünschte Entwicklungsrichtung so veranschaulicht, dass alle Beteiligten auf den ersten Blick erkennen können, wohin die Reise gehen soll. Zukunftsbild und Zukunftscode bringen das gemeinsame Wollen in verdichteter Form auf den Punkt, so dass eine einfache und klare Orientierungsgrundlage für alle Beteiligten in Alltags- aber auch Krisensituationen verfügbar ist.

Dieses Verfahren haben wir (Burow & Enders – dargestellt in Enders & Hampel 2011) im Rahmen einer Zukunftswerkstatt mit dem Vorstand eines Energiekonzerns und Belegschaftsvertretern entwickelt und umgesetzt. In diesem Zusammenhang ist nachfolgende Abbildung entstanden, die das Zusammenwirken von Visionsbild bzw. »Leitbild« und Zukunftscode illustriert:

Indem wir wissen, wo wir hinwollen!
Unsere Vision ist fixiert – die Reise hat begonnen

Wir sind der Energie-Partner für die Region und entwickeln gemeinschaftliche Lösungen für Energie und Infrastruktur

Während das Bild den Weg zum umweltbewussten Netzbetreiber klar illustriert, liefern die Werte »modern, einfach, fair« eine eindeutige Verhaltensorientierung für die Mitarbeiter/innen, die nun in einem mehrjährigen Entwicklungsprozess dafür sorgen, dass sich die Unternehmenskultur und die angebotenen Dienstleistungen bzw. Produkte daran ausrichten. Die darunter stehende Kernaussage verdeutlicht die Mission, an deren Umsetzung alle Beteiligten arbeiten.

Normaler Weise bestehen »Leitbilder« aus einer Aneinanderreihung von allgemeinen Aussagen. Oft sind sie austauschbar und ungeeignet das spezifischen Wollen der Mitglieder und ihre Einzigartigkeit auszudrücken. Dies dürfte eine der Ursachen für deren begrenzte Wirkmacht sein. So erhalte ich, wenn ich in Schulen nach dem Leitbild frage oft zur Antwort: »Fragen Sie doch mal den Stellvertreter – der hat es vor zwei Jahren gemacht.« Wirkungsvolle Leitbilder müssen dagegen konkrete, anziehende, vielleicht sogar begeisternde *Bilder* sein, die in Verbindung mit den Kernwerten eine klare Orientierung geben und motivieren. Warum diese Verbindung so wichtig ist kann uns die Hirnforschung zeigen.

So hat Ernst Pöppel (2006) moniert, dass Bildungseinrichtungen vor allem auf die Vermittlung von explizitem Wissen setzen, das zwar gut geeignet sei, komplexe Sachverhalte zu erfassen. Da es aber ich-fern ist, hat es so gut wie keine Auswirkungen auf Verhaltensänderungen, die ja das Ziel von Schulentwicklungsverfahren sind. Dagegen steht das »pictorial knowledge«, das Bildwissen, das sehr viel besser geeignet ist, unsere Wünsche, Erfahrungen und Sehnsüchte auf den Punkt zu bringen. Innere Bilder, das hat auch Gerald Hüther (2004) gezeigt, steuern unsere Handlungen und Haltungen. Der Austausch solcher Bilder und die Verdichtung in gemeinsamen Zukunftsbildern bzw. Symbolen ist ein bislang unterschätztes Mittel, um Menschen und Organisationen in Bewegung zu bringen.

Die positiven Erfahrungen mit dem Zukunftscode im Unternehmen haben mich dazu inspiriert, dieses Verfahren auf den Bereich der Schulentwicklung zu übertragen.

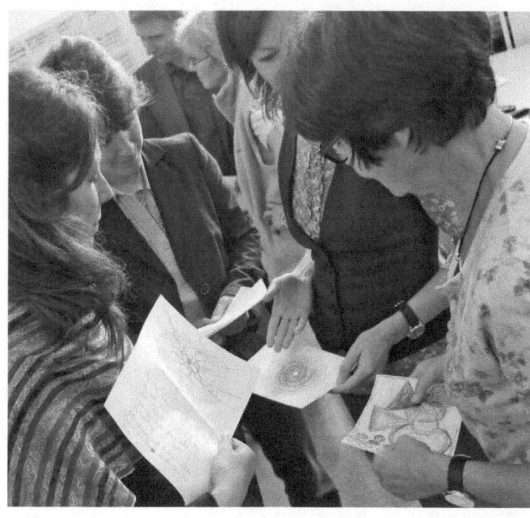

Austausch der individuellen Visionen als Basis für die Bildung gemeinsamer Zukunftsbilder

Von der Vision zum Leitbild und Change Code

Bisweilen setzen wir sogar einen professionellen Zeichner ein, der aus den individuellen Zukunftsbildern der Visionenphase ein gemeinsames »Leitbild« gestaltet, das am Ende des Prozesses als orientierendes Poster den TeilnehmerInnen mitgegeben wird. Der Austausch von Symbolen und die Einigung auf eine bildhafte, gemeinsame Vision sind wichtige Mittel, um Energie und Leidenschaft als wichtigste Treiber des Wandels freizusetzen.

Der »Change- bzw. Zukunftscode« wird im Anschluss an die Visionenphase zusammen mit den Schlüsselpersonen der Schule entwickelt.

Für die katholische Fachhochschule Linz lautete der von uns mit dem Leitungsteam entwickelte Zukunftscode z.B. »wertebasiert – professionsbildend – praxisstark«. In einem mehrjährigen Prozess geht es dann darum, diese Werte in allen Bereichen der Organisation zu verankern und wirksam zu werden. Nachfolgende Abbildung zeigt Leitbild und Zukunftscode, die wir für den Neubau des Luxemburger LTB, einer Berufsschule, entwickelt haben.

Zukunftscode und Leitbild

Die entscheidende Frage, nach der Visionenphase und dem Finden von Leitbild und Zukunftscode besteht in der Klärung der Frage, wie diese im Rahmen eines kurz-, mittel- und langfristigen Schulentwicklungsprozess umgesetzt werden können. Hierzu haben wir als dritten Schritt eine »Realisierungsphase« konzipiert.

Die Realisierungsphase: Am Montagmorgen fängt es an

An die Analyse von Stärken und Entwicklungsbedarfen (I: Diagnosephase) sowie die Entwicklung attraktiver Zukunftsbilder (II: Visionenphase) schließt sich Phase III, die »Realisierungsphase« an. Ziel dieser Phase ist, konkrete Vorhaben und Verantwortliche zu benennen, die auch zur Realisierung der gemeinschaftlich geteilten Visionen beitragen können.

Bildung von Umsetzungsgruppen

In einem ersten Schritt bilden wir nach dem Open Space Prinzip Umsetzungsgruppen: Die Teilnehmer/Innen sollen sich die Einsichten der SWOT-Analyse, des Resilienz-Checks und ihre Zukunftsvisionen vor Augen führen und dann dasjenige Thema identifizieren, für dessen Umsetzung sie Energie und Leidenschaft besitzen und von dem sie sich am ehesten Fortschritte erwarten.

Jeder schreibt auf einem Blatt sein Thema auf, stellt es kurz vor und bildet mit Gleichgesinnten Themengruppen, die das Vorhaben ausarbeiten und einen Maßnahmenplan entwickeln.

Maßnahmenplan

Die Teilnehmer erhalten ein Aktionsplakat im Format DIN A0, das – wie die Abbildung auf Seite 46 zeigt – aus folgenden Elementen besteht:

- ein sternförmiges Feld, in dem ein aussagkräftiges Symbol für das jeweilige Vorhaben eingetragen wird;
- ein Feld für einen Titel, bzw. einen Slogan zur prägnanten Charakterisierung des Inhalts;
- ein Feld für die Benennung der Meilensteine bzw. konkreten Umsetzungsschritte.

Entscheidend ist hier der Perspektivenwechsel: Statt nach dem »Mehrdesselbenprinzip« von der Vergangenheit in die Zukunft zu schauen, gehen wir von der erwünschten Zukunft (z. B. 2030) in Teilschritten zurück: Wie sieht unser Fernziel aus? Welches Logo und welcher Slogan bringen es eindrücklich auf den Punkt? Was möchten wir bis 2025 erreicht haben? Was bis Ende dieses Jahres? Welchen Schritt machen wir Montag nächste Woche? Wer ist für die Umsetzung verantwortlich?

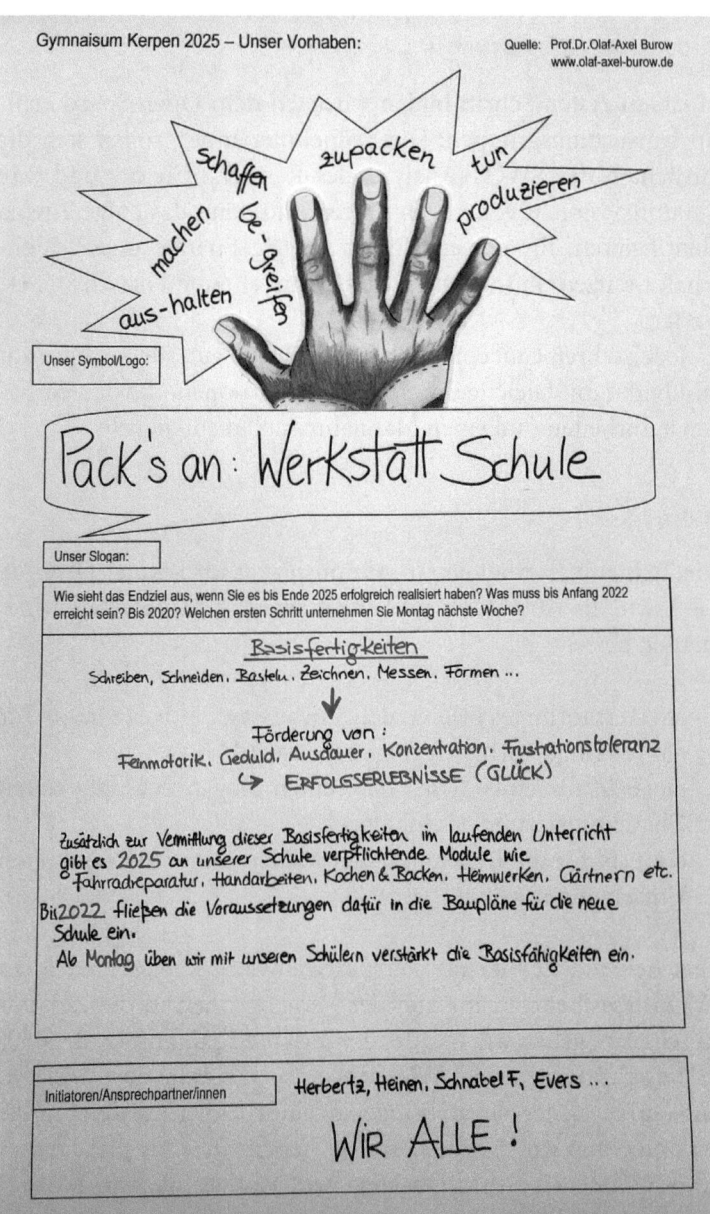

Abb.: Umsetzungsposter: Logo, Slogan, Zeitplan, Verantwortliche

Umsetzungspläne im Plenum und Vereinbarungen

An die Arbeit in den Themengruppen schließt sich eine Präsentation der erarbeiteten Aktionsposter und der konkreten Umsetzungsschritte im Plenum an. Bei 100 Teilnehmer/innen erhalten wir in der Regel 8-15 aussagestarke und kreativ gestaltete Aktionsposter. Logo, Slogan und Meilensteine verdichten anschaulich das jeweilige Umsetzungsvorhaben und bilden die Grundlage für Umsetzungsvereinbarungen.

Abschluss der Zukunftswerkstatt

Die wichtigsten Aktionen und Ergebnisse der drei Phasen Diagnose – Vision – Realisierung sowie Leitbild und Zukunftscode werden fotographisch dokumentiert und zum Abschluss des pädagogischen Tages in Form einer Beamershow vorgeführt, so dass die Beteiligten nicht nur die Kernpunkte ihrer Arbeit sehen, sondern zugleich auch eine Dokumentation erhalten, die eine Grundlage der weiteren Schulentwicklungsarbeit bildet.

In einer eintägigen Zukunftswerkstatt ist es aufgrund der begrenzten Zeit, unterschiedlichen Interessen, bisweilen auch auftretenden Konflikten nicht immer möglich gleich den Zukunftscode eindeutig zu bestimmen und das Leitbild ansprechend und eindeutig zu gestalten. In solchen Fällen bilden sich repräsentativ zusammengesetzte Gruppen, die innerhalb eines vereinbarten Zeitraums die ausformulierten Vorschläge der Gesamtkonferenz zur Entscheidung vorlegen.

Wie wirksam ist die Zukunftswerkstatt?

Zum Abschluss stellt sich die Frage, wie wirksam die Zukunftswerkstatt ist. Inwieweit trägt sie zum Abbau von Belastungen und zum Aufbau einer gesundheitsförderlichen, resilienzorientierten Schulkultur bei?

Ich könnte es mir einfach machen und hier Rückmeldungen von Schulleitungen einfügen, die mich – wie die der Leiterin des Grimmelshausen Gymnasiums – erreichen. So mailte sie mir fünf Tage nach der Durchführung einer Leitbildwerkstatt:

> *»Lieber Herr Prof. Burow,*
> *noch einmal herzlichen Dank für Ihre Arbeit bei uns am vergangenen Montag! Das Feedback aus dem Kollegium war super und alle ›scharren nun mit den Hufen‹ und fragen, wann wir mit unseren Visionen starten. Das freut mich sehr.«*

Solche positiven Rückmeldungen werden auch durch die systematische Evaluation bestätigt.

Was die Frage der Teilnehmerzufriedenheit mit etwa diesem Fortbildungs- und Entwicklungskonzept betrifft können wir aufgrund der Evaluation von 22 Werkstätten der letzten zwölf Jahre mit über 1500 TeilnehmerInnen eine eindeutige Aussagen treffen: Bis auf wenige Teilnehmer/innen, die mit unserem Konzept wenig oder nichts anfangen können, beurteilen ca. 80 % unser Verfahren als »sehr gut« oder »gut«.

Dieses positive Ergebnis ist nicht überraschend – ist die Zukunftswerkstatt doch schon in ihrer Struktur ein Beispiel praktizierter Salutogenese:

So entspricht die Diagnosephase Antonovskys Kriterium der »Verstehbarkeit«. Wir leisten mit dieser Phase einen Beitrag, dass die KollegInnen klarer sehen, worin und auf welchen Ebenen sie Stärken und Entwicklungsbedarfe haben.

Die Visionenphase entspricht dem Kriterium der »Bedeutsamkeit« bzw. der »Sinnhaftigkeit«, indem die Beteiligten nämlich ihr Tiefenwissen austauschen und mit der Entdeckung des »Gemeinsamen Grundes« eine Vision der gewünschten gesunden Schule sowie der entsprechenden Schulkultur entwerfen.

Die Realisierungsphase schließlich, entspricht Antonovskys Kriterium der »Handhabbarkeit«, indem hier konkrete Umsetzungsstrategien entwickelt werden.

Inwieweit diese allerdings dann auch konkrete Folgen für einen Wandel der schulischen Organisationskultur etwa im Sinne der Gesundheitsförderung haben, hängt nach unseren Beobachtungen vom Engagement der Schulleitung, einzelner KollegInnen und Elternvertreter ab. Ist dieses Engagement gegeben, dann kann schon eine einzige Zukunftswerkstatt einen wirksamen Schub zum Abbau von Belastungen leisten und den Aufbruch zu resilienter Schulentwicklung unterstützen, insbesondere dann, wenn am Ende der Werkstatt konkrete Vereinbarungen mit eindeutigen Verantwortlichkeiten stehen.

Sind diese Bedingungen nicht gegeben, wird sich wenig umsetzen. Die Zukunftswerkstatt ist kein Wundermittel, aber sie trägt in vielen Fällen zur Mobilisierung sozialer Phantasie bei, zur Freisetzung unterschätzten pädagogischen Tiefenwissens und zu kreativer Gestaltungslust.

Auf jeden Fall aber trägt das Verfahren zu einer Sensibilisierung für die Problemlagen und zu einer optimierten Kommunikation bei.

Zukunftswerkstätten werden in der Regel als belebende Weiterbildungs- und Schulentwicklungsveranstaltungen erlebt, weil sie einen Raum für Austausch, Perspektivenwechsel und Vernetzung eröffnen. Zukunftswerkstätten machen erfahrbar, dass die »gesunde Schule der Zukunft«, die Resiliente Schule, die Krisensicherheit, Spitzenleistung und Wohlbefinden miteinander verbindet, möglich ist und gemeinsam entwickelt werden kann.

Schritt 2: Digitale Infrastruktur sichern

Corona hat schonungslos die Modernisierungsdefizite der Traditionsschule offenbart. Nur vergleichsweise wenige Schulen haben sich eigeninitiativ auf den Weg gemacht und die Chancen der Digitalisierung, die »Digitale Dividende« (Burow 2014) genutzt. Nur wenige der Pioniere erhielten dabei die notwendige Unterstützung und nicht selten mussten solche Vorkämpfer gegen Vorurteile und Widerstände ankämpfen. Mit Corona scheint sich die Verhältnisse umgekehrt zu haben. Vielen fällt es jetzt wie Schuppen von den Augen, dass sie sich längst schon hätten auf den Weg machen müssen. Denn die Herausforderung ist nicht neu und viele der benötigten digitalen Werkzeuge und Unterrichtmittel sind längst vorhanden. Auch diese Erkenntnis reifte bei Vielen erst in der Krise, als sie Corona als wirksamste Fortbildungsmaßnahme der letzten Jahrzehnte erfuhren. So begannen auch skeptische KollegInnen mit Tools wie Zoom oder Teams zu experimentieren und nicht wenige konnten zu ihrer Überraschung erfahren, wie einfach diese zu handhaben waren. Und mehr noch: Entgegen den Verteuflungsmythen überzogen argumentierender Hirnforscher und konservativer Pädagogen erwies sich die unterschätzte Leistungsfähigkeit digitaler Technologien: Mit einfachen Kommunikationstools war es nicht nur möglich, einen Kontakt zu SchülerInnen aufrechtzuerhalten, sondern auch zur Sicherung des Unterrichts Lernplattformen zu nutzen.

Umso schmerzlicher wurde Vielen die mangelnde technische Ausstattung ihrer Schulen und die fehlenden didaktischen Konzepte bewusst. Die Corona-Chance besteht darin, diese aus der Ohnmachtserfahrung der Krise geborene neue Offenheit, diese Bereitschaft zum Umlernen zu nutzen, um endlich Lehrer, Schüler und die Schule insgesamt, zukunftsfit zu machen.

Schulen brauchen ein leistungsfähiges W-Lan

Der schnelle Ausbau der digitalen Infrastruktur ist längst angezeigt. Innovative Schulen haben sich in Auseinandersetzung mit dem Schulträger schon vor Jahren darum bemüht und bisweilen dabei eine beispielgebende Kreativität entwickelt. So zapfte der Schulleiter einer bayrischen Realschule schon vor Jahren Stiftungsgelder an, um eine Fortbildungsreihe für interessierte KollegInnen zu organisieren. Zum Abschluss dieser Reihe konzipierte er eine öffentliche Veranstaltung, um der Öffentlichkeit, der Presse, interessierten Eltern und sonstigen Bürgern das digitale Innovationskonzept seiner Schule vorzustellen. Zusätzlich lud er die Bürgermeisterin, Gemeindevertreter und Vertreter aus der Wirtschaft ein. Er bat mich, als Vertreter der Wissenschaft, einen programmatischen Eröffnungsvortrag zu halten und nutzte meine Thesen, um die Bürgermeisterin darauf hinzuweisen, dass die Schule eine entsprechende Netzausstattung bräuchte. Solchermaßen gefordert, zeigten sich Bürgermeisterin, Gemeindemitglieder und Schulträger so beeindruckt, dass sie noch auf dieser Veranstaltung eine Zusicherung zur Bereitstellung einer entsprechenden Ausstattung abgaben.

Anstatt auf die Mühlen der Bürokratie zu warten, hatte dieser Schulleiter selbst die Initiative ergriffen und damit einen wichtigen Schritt zur Zukunftsfähigkeit und Krisensicherheit seiner Schule unternommen.

Natürlich brauchen wir eine bundesweite Regelung, doch aus meiner Schulentwicklungsarbeit kenne ich viele Beispiele, wo eigeninitiatives Handeln engagierter Schulleiterinnen vergleichsweise schnelle Durchbrüche ermöglichten.

Viele werden jetzt einwenden, dass diese Erfolgsbeispiele besonders günstigen Konstellationen geschuldet und nicht übertragbar seien. Richtig an dieser Argumentation ist, dass Lösungen nicht 1:1 übertragbar sind und jede Schule das für ihre spezielle Situation, ihre Lehrer-, Schüler- und Elternschaft passende Konzept entwickeln muss. Doch warum nutzen so wenig Kollegien die Möglichkeit, Pionierschulen zu besuchen, gelungene Lösungsmodelle im Netz zu recherchieren, um daraus zu lernen, passende Elemente zu übernehmen und ein eigenständiges Konzept zu gestalten? Vielleicht ermutigt die niederschmetternde Corona-Erfahrung mehr Kollegien dazu, eigeninitiativ neue Weg zu gehen.

Schrittweise vorgehen

Nicht alle haben das Glück, bei ihrem Schulträger, aber auch bei KollegInnen und Eltern auf offene Türen zu treffen. Innovative Schulleitungen haben sich davon nicht entmutigen lassen, sondern eine Innovationsgruppe – bestehend aus engagierten KollegInnen – gebildet, die Stundenbefreiungen und sonstige Unterstützung erhielten, um an der Entwicklung und Umsetzung eines Digitalisierungskonzepts – zunächst in begrenzten Bereichen – zu arbeiten. Man kann mit iPad-Klassen starten, Erklärvideos erarbeiten, erste Bausteine mit Moodle erstellen und vieles mehr. Wie SchulleiterInnen, die so vorgegangen waren, auf einem Nürnberger Digitalisierungskongress berichteten, führte dieses Vorgehen dazu, dass sich im Verlaufe von zwei bis drei Jahren immer mehr KollegInnen für die Möglichkeiten digitalen Unterrichtens interessierten. Statt mit Druck zu arbeiten, setzten sie auf die Wirkung positiver Beispiele. In jedem Kollegium gibt es aufgeschlossene KollegInnen oder sogar Nerds, die – auch in Zusammenarbeit mit engagierten SchülerInnen – erste Schritte gehen wollen. Der Wandel an den innovativen Schulen geht von solchen kleinen Gruppen aus, die von der Schulleitung unterstützt wurden. Zudem hat dieses kleinschrittige Vorgehen den Vorteil, dass parallel in Verhandlungen mit dem Schulträger die notwendige Infrastruktur aufgebaut werden kann.

Das Netz ist entscheidend – nicht die Endgeräte!

Viele Kollegien sind der irrigen Annahme, es komme darauf an, die Mittel des Digitalpaktes vor allem für die Anschaffung von digitalen Endgeräten zu nutzen. Wie ich an anderer Stelle ausgeführt habe (Burow 2020), ist insbesondere die flächendeckende Ausrüstung von Klassenzimmern mit Smartboard keine zufriedenstellende Lösung, verführt es doch dazu, weiter im Modus des lehrerzentrierten Frontalunterrichts zu arbeiten.

Vor der Entscheidung, welche Geräte angeschafft werden sollen, steht die Herausforderung, ein gemeinsam getragenes pädagogisches Konzept zu entwickeln, in dem das Verhältnis von analog zu digital so bestimmt wird, dass die Herausbildung der oben benannten Zukunftskompetenzen unterstützt wird.

Ganz egal für welches Konzept man sich schließlich entscheidet, besteht die wichtigste Maßnahme darin, für ein leistungsfähiges Netz und die Ausstattung mit einem kompetenten Systemadministrator zu sorgen, denn die Erfahrungen zeigen, dass hier schnell Überlastung droht. Ein mangelhaft funktionierendes Netz sorgt für Demotivation und führt dazu, dass veränderungsbereite KollegInnen schnell wieder zu den alten Mustern zurückkehren.

Dies erkennend hat die Alemannenschule mit dem Schulträger in einem ersten Schritt für den Aufbau eines leistungsfähigen Netzes gesorgt, um in einem zweiten Schritt eine genial einfache Lösung für die Geräteausstattung aller SchülerInnen zu finden:

Drei Jahre lang zahlen die Eltern 12 Euro pro Monat, so dass jeder Schüler mit einem versicherten Endgerät ausgestattet ist. Eltern, die sich das nicht leisten können, erhalten einen Zuschuss vom Schulträger.

Durch diese simple Lösung ist dafür gesorgt, dass jede Schülergeneration mit dem jeweils neuesten Gerät ausgestattet ist. Das überholte Modell der Computerräume führte oft dazu, dass die Schule schon bald mit nicht mehr zeitgemäßen Geräten ausgestattet war. Auch Verleihsysteme sind zu aufwändig und wenig sinnvoll, kommt es im digitalen Zeitalter doch darauf an, dass jeder Schüler über ein persönliches Gerät verfügt und lernt, es täglich als Arbeitsgerät, als Werkzeug zu nutzen.

Schulen und Schulträger, die auf das Anschaffen von Endgeräten und auf Verleihsysteme setzen, sind weder zukunftsfähig noch resilient, denn neben dem unvertretbar hohen Aufwand für Verwaltung und Wartung werden die Geräte innerhalb weniger Jahre veraltet sein. Es wäre eine gigantische Fehlinvestition, die Mittel derart zu verschwenden. Zudem haben persönliche Geräte den Vorteil, dass der Wartungsaufwand bei deren Besitzern liegt.

Die Anschaffung einiger Smartboards für instruktionsorientierte Einführungen kann in dafür geeigneten Input-Räumen sinnvoll sein. Die Ausstattung aller Klassenräume mit Smartboards ist dagegen ein Irrweg, weil er an einer überholten Didaktik festhält und diese sogar zementiert.

Fazit: Setzen Sie also einen Großteil der zu Verfügung stehenden Mittel für ein leistungsfähiges Netz bzw. eine solide Infrastruktur, gute Software und qualifizierte Fortbildungen ein!

Stellen Sie Forderungen an Politik und Schulträger!

Schöne Träume, die Sie da entwerfen, werden vielleicht jetzt einige KollegInnen einwenden, die unter erschwerten Bedingungen arbeiten. Sie haben Recht und trotzdem hilft es wenig, sich zu beklagen. Nicht zuletzt durch die niederschmetternden Erfahrungen bei der Bewältigung der Corona-Krise haben Schulen eine starke argumentative Unterstützung erhalten. Nutzen Sie deshalb die Corona-Chance! Bilden Sie Koalitionen! Schalten Sie die Presse ein! Konfrontieren Sie die lokale Politik sowie den Schulträger mit ihren Forderungen! Machen Sie deutlich: Die krisensichere, »Resiliente Schule« können wir nur schaffen, wenn wir bereit sind, die Konsequenzen aus den Corona-Erfahrungen zu ziehen und entsprechend zu investieren.

Schritt 3:
Lehrer und Schüler zu selbstgesteuertem, digital unterstütztem Lernen fortbilden

Ein Schlüssel für die krisensichere Schule besteht darin, Maßnahmen umzusetzen, die das eigenständige Lernen der SchülerInnen fördern und Lehrkräfte zur personenbezogenen analogen und – bei Bedarf – auch digital unterstützten Lernberatung befähigen. Die traditionelle Belehrungsschule hat den Schwerpunkt zu stark auf Instruktion gelegt, mit der Folge, dass viele SchülerInnen zu passiv und anleitungsabhängig werden. Wenn es dagegen – beginnend bei der Grundschule – gelingt, Schüler/innen zu stärker selbstgesteuertem Lernen zu befähigen, dann kann ein zeitweiser Ausfall von Lehrkräften – wie in der Corona-Krise – durch die stärkere Eigentätigkeit der Schüler/innen zumindest teilweise ausgeglichen werden – zumal eine sinnvolle Nutzung des Netzes, dafür notwendige Ressourcen und Lernhilfen zur Verfügung stellt.

Die Idee des eigenständigen Lernens der Schüler/innen ist nicht neu, sondern verfügt seit der Reformpädagogik über eine lange Tradition, die allerdings meist in Alternativschulen gepflegt wurde. Die Parole Maria Montessoris und ihr Konzept der »vorbereiteten Umgebung« erweisen sich aus dieser Perspektive als topaktuell:

»Hilf mir es selbst zu tun«

Die Idee durch die Gestaltung des Unterrichtsraums und die Bereitstellung von Lernmaterialien, also durch die »vorbereitete« neuerdings auch personalisierte Umgebung, Anregungsreize für eigenständiges Lernen zu schaffen, stellt einen Kern der Montessori-Pädagogik dar, der sich heute als zukunftsweisend herausstellt. Dabei sind analog und digital keine Gegensätze, sondern können sich gegenseitig ergänzen.

So liefert das klassische Montessori-Material auch heute noch, als Teil der analogen »vorbereiteten Umgebung« sinnliche Erfahrungen und wichtige Lernanlässe. Doch in Zeiten der Digitalisierung gibt es mehr Möglichkeiten durch intelligentes Raum- und Materialdesign, dafür zu sorgen, dass Schüler/innen zu selbstgesteuertem Lernen herausgefordert werden. So besteht im digitalen Zeitalter ein wachsender Teil der »vorbereiteten Umgebung« aus digitalen Werkzeugen, wie iPads, Smartboards, Lernplattformen, Lernsoftware, Apps und vielem mehr. In *Kapitel 8 Links & Tipps* habe ich hilfreiche Ressourcen für die Gestaltung bzw. Nutzung solcher Umgebungen zusammengestellt, die Sie sofort nutzen können.

In absehbarer Zeit werden darüber hinaus auch Trackingsysteme hinzukommen, die das Lernverhalten der Lernenden – natürlich nur unter Berücksichtigung des Datenschutzes – verfolgen und zielgenau Feedback geben sowie passgenaue Aufgaben zuweisen. Wie Sie dadurch Ihren Unterricht sofort optimieren können, zeigt die Lernplattform der Khan-Academy (https://de.khanacademy.org), die bislang kostenfrei ist. Das Lernen wird hier durch über 4000 Lernvideos mit einem Advanced Organizer und darauf abgestimmte Feedbacksysteme individualisiert und personalisiert. Wenn es sich hier auch um erste Versuche handelt, so ist doch längst klar, dass solche Verfahren schon bald massiv ausgebaut werden und sich damit auch die Lehrerrolle grundlegend ändern wird.

Wie sich das Lehren und Lernen verändert

Ein erster Schritt zur neuen Lehr-/Lernkultur besteht dabei in einer Neubestimmung des Verhältnisses von Instruktion, digital unterstützter Eigentätigkeit und problemorientierter Teamarbeit. Nachfolgende Abbildung verdeutlicht diesen Zusammenhang:

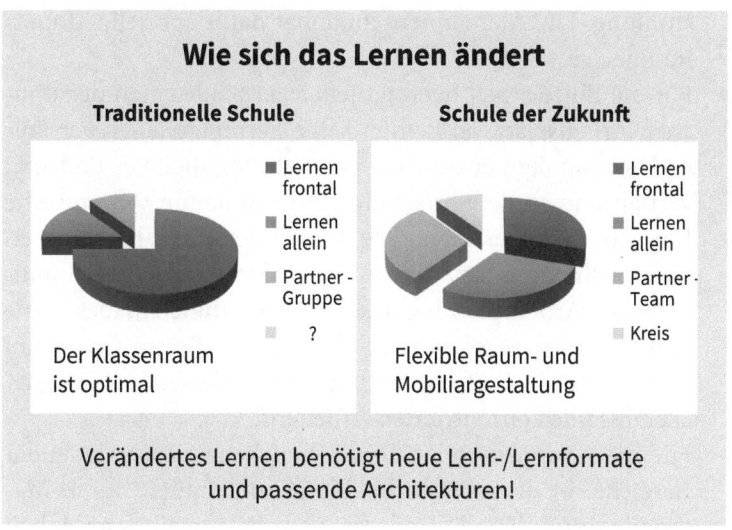

Mittelfristiges Ziel ist ein Drittelmix: Lehrerzentrierte Instruktion, etwa bei der Einführung neuer Inhalte; Lernen allein im eigenen Tempo und z.T. auch orientiert an Neigungen und Talenten; problemlösende Arbeit im leistungsgemischten Team in Form von herausfordernden Projekten.

Diese neue Form des Lernens und Gestaltens ähnelt den Anforderungen, die wir zunehmend auch in der Arbeitswelt finden, in der es immer weniger darum geht, Vorgaben zu erfüllen, sondern eigenständig und innovativ im Team an der Bewältigung von Problemen zu arbeiten.

Dieser Drittelmix erfordert dem allmählichen Abschied vom Klassenraum, zugunsten flexibel gestalteter Umgebungen, die die neuen Lehr-/Lernformate optimal unterstützen:

- Für die *Instruktion,* z.B. die Einführung neuer Inhalte und Methoden sind Umgebungen geeignet, die Konzentration der Lernenden auf den jeweiligen Input unterstützen. Hier sind Präsentationsmedien wie Tafel, Beamer und Smartboard geeignet, sowie eine flexibel zu variierende Kinobe-

stuhlung. Die Alemannenschule hat dafür spezielle »Input-Räume« gestaltet.
- Für die Einzelarbeit benötigt jeder Lernende einen persönlichen Arbeitsplatz, an dem er seine Lernmaterialien verstauen kann, an dem er über ein persönliches, digitales Endgerät verfügt und an dem er/sie die nötige Ruhe für konzentrierte Einzelarbeit finden kann. Die Alemannenschule hat dafür einen Großraum geschaffen, in dem jeder Schüler seinen individuellen Arbeitsplatz hat. Da die Schüler/innen in diese neue Arbeitskultur eingeführt sind, herrscht in diesem Großraum – wie in den Lesesälen öffentlicher Bibliotheken – eine ansteckende Stille konzentrierten Arbeitens.
- Für die Gruppen- oder Teamarbeit bedarf es einladender Bereiche, in denen sich die Teams, unterstützt durch Materialien und digitale Endgeräte an die gemeinsame Arbeit machen können. Je nach Aufgabe gehören dazu auch Werkstätten, Makerspaces und vieles mehr. Auch können Teile dieser weitegehend selbstgesteuerten Teamarbeit außerhalb der Schule, in Zusammenarbeit mit Kooperationspartnern, an geeigneten, inspirierenden und herausfordernden Orten stattfinden.

Wer einen konkreten, praxisnahen Eindruck von solchen neuen Umgebungen haben möchte – wie sie in »normalen« Regelschulen umgesetzt wurden, wird fündig auf den Seiten der Alemannenschule Wutöschingen und der Richtbergsschule Marburg. Hier finden sich auch Filme aus dem Alltag dieser Schulen.

Abschied vom Klassenraum?

Die hier angeführten Pionierschulen stimmen nicht nur darin überein, dass sie – unterstützt durch vorstrukturierte analoge und digitale Materialien – die Eigentätigkeit der Schüler stärken und den Instruktionsanteil reduzieren, sondern auch in dem damit verbundenen Abschied vom Klassenraum.

Interessant an diesen Beispielen ist, dass der z.T. radikale Wandel nicht ein Ergebnis von Schulversuchen unter Ausnahmebedingungen ist, sondern im Rahmen von »normalen« Regelschulbedingungen erfolgte. Die Pionierschulen belegen damit, dass die verbreitete Klage, man können unter den herrschenden Bedingungen Schule nicht verändern, unzutreffend sind. Im Gegenteil: Wenn Schulleitung, Kollegium, Schulgemeinde und Schulträger sich auf eine gemeinsame Vision und einen konkreten Umsetzungsplan verständigt haben, dann ist Vieles auch unter den gegenwärtigen Bedingungen möglich. Das Bestechende an den von mir aufgeführten Beispielen ist ja gerade ihr Verankertsein in den Niederungen schulischen Alltags. Bei diesen Schulen können wir die »entstehende Zukunft im Prozess ihrer allmählichen Entwicklung« (vgl. Scharmer 2009) verfolgen – und dieser Prozess besteht aus kleinen Schritten mit Versuch und Irrtum innerhalb eines langfristig angelegten Planes.

Dieser Prozess, der bisweilen auf große Widerstände bei traditionsverhafteten Schulämtern, Schulträgern, Eltern und auch Schülern trifft, bedarf der Unterstützung durch Wissenschaft und inspirierende Beispiele erfolgreich realisierter innovativer Praxis.

Wie neue Lehr-/Lernumgebungen aussehen könnten

Beispielgebend dafür sind die realisierten Schulbauten der schwedischen Architektin Rosan Bosch, die innovative Architektur mit zukunftsweisender Pädagogik verbindet. Ihr Konzept liefert nicht nur Argumente für den notwendigen Abschied vom Klassenraum, sondern gibt auch gebaute Beispiele für einen Neukonzeption von Lehr-/Lernumgebungen. Wer auf ihre faszinierende Seite geht (https://rosanbosch.com), dem wird mit einem Schlag der dramatische Modernisierungsrückstand vieler unserer Schulen deutlich. Ihr innovatives Schulkonzept basiert auf einer Ausrichtung an sechs einfachen Prinzipien:

1. **Mountaintop: Berggipfel**
   Eine Lernsituation, die die klassische Einweg-Kommunikation wie Vorträge zu kleinen oder großen Gruppen unterstützt, etwa teppichbezogene Treppenstufen (wegen der Akustik).
2. **Cave: Höhle**
   Umgebungen für individuelles, konzentriertes Lernen und Rückzug, geschützt vor den Blicken anderer, mal liegend, mal stehend.
3. **Campfire: Lagerfeuer**
   Durch flexible Möbel in dialogförderlichen Umgebungen soll eine Lagerfeuer-Atmosphäre geschaffen werden, die Teamarbeit unterstützt.
4. **Watering Hole: Wasserstelle**
   Hier geht es um offen und einladend gestaltete Räume, in denen sich Schüler wie etwa in den Pausen informell treffen können, etwa in Korridoren oder Aufenthaltsbereichen.
5. **Hands on: Praxis**
   Kunsträume, Tonstudios, Labore, Maker Spaces etc., in denen Schüler durch praktische Tätigkeiten lernen, wobei diese nicht separiert sein müssen, sondern in die Lernlandschaft eingepasst werden können.
6. **Movement: Bewegung**
   Umgebungen, die zur Bewegung einladen und mit der jeweiligen Lernaktivität verbunden werden, nicht zu verwechseln mit der klassischen Sporthalle oder dem Gymnastikraum.

Rosan Bosch, argumentiert hier ganz im Sinne der von mir vertretenen »Positiven Pädagogik« (Burow 2011), indem sie die These vertritt, intrinsische Motivation sei der Schlüssel zur Bildung. Durch »Positives Design«, die Gestaltung entsprechender Räume bzw. Umgebungen wirkt der Raum – ganz im Sinne einer modernisierten Montessori-Pädagogik – als »Dritter Pädagoge« und macht Lernen zu einer faszinierenden Erfahrung.

Anlass für die Entwicklung dieses innovativen Schul- und Lerndesigns war, dass Rosan Bosch erlebte, wie ihre Kinder durch die traditionelle Schule innerhalb kurzer Zeit demotiviert wurden und ihre natürliche Lust am Lernen verloren. In einem eindrucksvollen TED-Vortrag (www.youtube.com/watch?v=dRMJvmOoero) stellt sie ihr Konzept vor und gibt konkrete Beispiele der Umsetzung an dänischen Schulen.

Leider betrifft die Möglichkeit einer so radikalen Neukonzeption von Schule durch einen entsprechend gestalteten Neubau nur wenige Schulen, denn die meisten müssen mit dem Bestand leben. Aber – wie die von mir angeführten Pionierschulen zeigen – kann man auch in bestehenden Raumstrukturen neue Wege gehen. Entscheidend dafür sind ein entsprechendes Pädagogisches Konzept sowie die Arbeit an der veränderten Lehrerrolle.

Vom »Unterrichter« zum »Lernumgebungsdesigner«

Wenn wir uns allmählich vom Klassenraum verabschieden oder ihn in einem ersten Schritt durch analoge und digitale Ausstattungen erweitern, werden Lehrkräfte aufgrund der stärkeren Eigenaktivität der SchülerInnen sowie der Unterstützung durch digitale Medien weniger unterrichten müssen. Zu gezielten, zeitlich begrenzten Instruktionen treten nun stärker die Entwicklung von analogen und digitalen Unterrichtsmaterialien sowie die Beratung in den Vordergrund der Tätigkeit. Schrittweise wandeln sich die Lehrkräfte so zu Lerncoaches und LernumgebungsdesignerInnen.

Beim Abschied von der alten Schule des Industriezeitalters mit seiner Fixierung auf die Massenproduktion geht es heute und in Zukunft weniger um gleichmäßige Beschulung, sondern stärker um das Erkennen und Fördern von Neigungen und Begabungen. Der unterrichtliche Gleichtakt orientiert am Stundenraster löst sich damit nach und nach auf zugunsten eines individuellen Zeitmanagements.

Wie das funktioniert kann man auch wieder bei dem Modell der Alemannenschule (www.alemannenschule-wutoeschingen.de), die ihren innovativen Ansatz auf der Homepage und in frei verfügbaren Videos anschaulich darstellt.

Jeder Lerner verfügt hier im Großraum über einen eigenen Arbeitsplatz mit einem iPad und kann sein Lernen weitgehend selbstständig und im eigenen Tempo steuern, da der Lernstoff sowohl analog wie digital verfügbar ist. Vier Dutzend Schulen haben sich inzwischen zusammengeschlossen, um ein Materialnetzwerk zu bilden und eine digitale Lernplattform (DiLer) zu entwickeln und zu pflegen. Das hat den Vorteil, dass Innovatoren nicht bei Null anfangen müssen, sondern auf bewährtes Material zurückgreifen können. Hier wurde jahrzehntelang sehr viel Arbeit investiert – was eine einzelne Schule im »Normalbetrieb« und noch weniger unter Coronabedingungen nicht leisten könnte. Aber gerade unter diesen extremen Herausforderungen zeigen die Pionierschulen, dass auch schon heute die Schaffung der »Resilienten Schule« möglich ist.

Dies zeigt auch der Ansatz der Richtsberg-Gesamtschule in Marburg, die vom »PerLenWerk« spricht: Personalisierten Lernumgebungen und Werkstätten – dargestellt im Film: www.richtsbergschule.de/schule/perlenwerk/

Die schrittweise Umgestaltung hat zur Folge, dass die Lehrkräfte weniger unterrichten, da ein ständig wachsender Teil der Inhalte über die analogen und virtuellen Lernmaterialien von den SchülerInnen selbst, tendenziell eigenständig erschlossen werden. Damit dies gelingt, muss die veränderte Lehr-/Lernkultur im Alltag der Schule und in den Haltungen, von LehrerInnen, SchülerInnen und auch Eltern verankert sein. Dies erfordert einen längerfristig angelegten, kontinuierlichen Prozess gemeinsamer Fortbildung und Entwicklung.

Vom Einzelkämpfer zum Team

Diese neue Ausrichtung erfordert sowohl auf LehrerInnen- wie auch auf SchülerInnenseite den Abschied vom Einzelkämpfertum hin zum Team.

Lehren und Lernen, die Entwicklung der Schulkultur und die Gestaltung geeigneter Umgebungen bzw. Designs wird zu einer

Herausforderung, die nur gemeinschaftlich zu bewältigen ist. Dem stehen allerdings die Praxis der bisherigen LehrerInnenausbildung sowie der Prüfungsverfahren entgegen. Auch die Führungs-, Belohnungs- und Organisationsstruktur der Regelschule bieten bislang keine oder nur unzureichende Anreize für kooperatives Arbeiten. So wird seit Jahrzehnten das Bild des Einzelkämpfertums beklagt und Studien belegen immer wieder die unterentwickelte Kooperationsstruktur, die auch eine Ursache für vergleichsweise hohe Krankenstände sein dürfte.

Die Erfahrung von »Team-Flow« (vgl. Burow 2015) bei der Entwicklung der neuen Lehr-, Lern- und Schulkultur könnte hier nicht nur dazu beitragen, Unterricht zu modernisieren, Lernergebnisse zu verbessern, sondern auch für Entlastung auf Seiten von Lehrkräften und Lernenden zu sorgen. Hilfreich können hier Verfahren wie das »Kollegiale Teamcoaching« (KTC) sein, das ich in »Wertschätzende Schulleitung« (Burow 2017, S. 93ff.) ausführlich beschrieben habe.

Schritt 4: Den gesamten Unterrichtsstoff digital verfügbar machen

Mancher wird sich vielleicht fragen, wie Stefan Ruppaner, der Leiter der Alemannenschule, zu der Aussage kommen kann, dass Corona keine besondere Herausforderung für seine Schule, die Lehrkräfte und die Lernenden bedeutete. Ein wesentlicher Grund dafür ist, dass die Alemannenschule schon früh mit dem Aufbau einer »einer personalisierten Lernumgebung« begonnen hat. So hat der ehemalige Alemannenschul-Lehrer, Johannes Zylka (2017), unter dem Titel »Schule auf dem Weg zur personalisierten Lernumgebung« einen instruktiven Sammelband herausgegeben, der den Prozess der Umgestaltung und der Entwicklung der »Modelle neuen Lehrens und Lernens« anschaulich beschreibt.

Ein entscheidender Schritt bestand demnach im Aufbau eines »Materialnetzwerks« (https://mnweg.org), in dem schon vor Jahren in Kooperation mit anderen Schulen daran gearbeitet wurde, den gesamten Lernstoff über Kompetenzraster zunächst analog verfügbar zu machen. Mehr noch: Indem Lehrkräfte und Lernende in einem längeren Prozess dieses System entwickelten und einübten, veränderten die Lehrkräfte schrittweise ihre traditionelle Lehrerrolle und lernten wie sie die Schüler/innen – unterstützt durch das Material und die Beratung durch ihre Lerncoaches – dazu befähigen konnten, eigenständig und im eigenen Tempo zu arbeiten. Auf diese Weise war schon lange vor Corona der Stellenwert lehrerzentrierten, präsenzorientierten Unterrichts deutlich reduziert, so dass viele Schüler/innen weitgehend unbeeinträchtigt durch die Krise, weiter lernen konnten. So waren sie es gewohnt, sich selbst Ziele zu setzen, waren in den Methoden trainiert und wurden durch das klar strukturierte Material unterstützt.

Allein schon dieses System erhöht die Resilienz von Schule unter Krisenbedingungen. Doch Ruppaner und Kollegium gingen mit der Einführung von »DiLer« einen Schritt weiter, der sich unter Corona-Bedingungen als entscheidender Resilienzfaktor erweisen sollte. »DiLer« – digitale Lernumgebung ist eine leicht bedienbare Open Source Lernplattform und zugleich ein zuverlässiges und umfassendes Learning Management System für eine DSGVO-konforme digitale Schule. Dieses System können interessierte Schulen ebenso wie das Materialnetzwerk sofort testen und auch nutzen, wenn Sie sich unter https://www.digitale-lernumgebung.de einloggen.

Unabhängig von dieser Plattform sind auch andere Lösungen denkbar – doch entscheidend für die Entwicklung der »Resilienten Schule« ist, dass der gesamte Lernstoff für Lehrkräfte, Lernende und Eltern digital verfügbar gemacht wird. Hier stellt sich die entscheidende Frage, wer das leisten kann?

Schritt 5:
Aufbau einer digitalen Lernplattform mit schülergerechten Formaten

Noch immer sind viele Kultusverwaltungen, Schulträger und Schulleitungen, aber auch Eltern der Auffassung bei der Bewältigung der Corona-Krise gehe es darum, möglichst schnell wieder zum alten Zustand zurückzukehren. Dies hieße allerdings die Corona-Chance zu verspielen. Denn nie war die Zeit so günstig, Schule zu modernisieren oder besser noch zukunftssicher zu machen. Dafür bedarf es allerdings der Bereitstellung entsprechender Ressourcen.

Neue Aufgabenbeschreibungen und Arbeitszeitmodelle

So verdienstvoll das herausragende Engagement der Pionierschulen auch sein mag, kann dies keine Lösung für das Schulsystem insgesamt sein. Vielmehr muss vor dem Hintergrund neuer Herausforderungen und der gewandelten Lehrerrolle, die Lehrertätigkeit neu definiert werden. Zu den Aufgaben des Unterrichtens treten Anforderungen an Lerncoaching und die Entwicklung der »vorbereiteten«, »personalisierten« digitalen und analogen Umgebung hinzu. Hierzu bedarf es neuer Aufgabenbeschreibungen und Arbeitszeitmodelle. Insbesondere müssen Stundendeputate neu verteilt und Anrechnungsmodelle für die Bewältigung der neuen Aufgaben entwickelt werden.

Pionierschulen wie die Alemannenschule haben diese Herausforderungen dadurch gelöst, dass alle Lehrkräfte sich verpflichtet haben, wöchentlich 35 Stunden anwesend zu sein, womit alle Arbeiten abgegolten sind. Durch die höhere Selbsttätigkeit der SchülerInnen werden zudem Kapazitäten für Lerncoaching und die Entwicklung von analogen und digitalen Unterrichtsmedien/-materialien frei.

Open Source Lösungen und kommerzielle Angebote

Die Herausforderung der Digitalisierung der Unterrichtsinhalte wird erleichtert durch die Nutzung digitaler Ressourcen, die im Netz von Open Source Anbietern wie der erwähnten Khan-Academy kostenfrei zu Verfügung gestellt werden. Daneben gibt es aber auch immer mehr kommerzielle Angebote wie z.B. von sofatutor (www.sofatutor.com), die Erklärvideos zu allen Fächern bieten, oder komplexe Lernmanagementsysteme wie its-learning (www.itslearning.com), die fast alle Funktionen, die für digital unterstütztes Lehren und Lernen notwendig sind, auf einfache Weise zugänglich machen. Die Nutzung kommerzieller Anbieter setzt allerdings voraus, dass Schulen mit einem Etat für den Erwerb der notwendigen Softwarelizenzen ausgestattet werden.

Eine weitere, bislang viel zu wenig genutzte Möglichkeit besteht darin, Lehrer/Schülerteams zu bilden, die – wie an der Alemannenschule – gemeinsam ein App-Curriculum erarbeiten, indem sie bestehende Angebote sichten, kommentieren und das Geeignete auf der Schulplattform zusammenstellen und so zugänglich machen.

Da die Sichtung und Bereitstellung von Internetressourcen – zumindest in der Anfangszeit – einer aufwändigen Arbeit bedarf, ist es, wie ich oben bereits ausgeführt habe, wenig sinnvoll die begrenzten, zur Verfügung stehenden Mittel, vollständig für den Erwerb schnell veraltender digitaler Endgeräte zu verausgaben, zumal eine Elternfinanzierung mit einer entsprechenden sozialen Staffelung für die Ausstattung mit persönlichen Geräten auf dem neuesten Stand sorgt. Viel wichtiger ist es, die Mittel neben dem Ausbau der alles entscheidenden Infrastruktur für den Erwerb von Softwarelizenzen zu nutzen, die LehrerInnen und Schüler/innen einfach zu nutzende, qualifizierte Werkzeuge zur Verfügung stellen. Ebenso wichtig sind Mittel für die kontinuierliche Pflege der digitalen Werkzeuge.

Leider ist das Wissen über bereits vorhandene, leicht verfügbare und zum Teil kostenfreie digitale Werkzeuge, Lernplattformen und innovative Schulmodelle bislang in den meisten Lehrerkollegien kaum vorhanden, weswegen es hier dringend einer umfassenden Fortbildungsoffensive bedarf.

Schritt 6: Fortbildung der Lehrkräfte in analogem und digitalem Coaching

Wenn ich von der »Corona-Chance« spreche, handelt es sich nicht um eine Leerformel, denn nicht wenige Lehrkräfte, die dem digitalen Wandel gegenüber zunächst skeptisch eingestellt waren, sahen sich unter dem Druck der Krise gezwungen, die Möglichkeiten, die das Netz schon heute bietet, zu erkunden und haben dabei bisweilen unerwartete Erfolge erzielt. So berichten KollegInnen, die vermittels »Zoom«, »Skype«, »Microsoft-Teams« oder ähnlichem versuchten, den Kontakt zu ihren SchülerInnen zu halten, über erstaunliche Erfahrungen. Es war entgegen verbreiteten Vorurteilen oft möglich, über das Netz einen intensiven persönlichen Kontakt zu halten. Ja, auch SchülerInnen nutzten die Gelegenheit – unabhängig vom starren Stundenraster – sich Tipps und Beratung zu holen. Die Erfahrung des »flipped classrooms«, des umgedrehten Klassenzimmers, in dem man sich den Stoff zunächst selbst aneignet und dann ein Feedback erhält, offenbarte nebenbei bislang kaum genutzte Möglichkeiten digital unterstützter Lehr-/Lernformate.

Allerdings nahm – wie Berichte und Elternklagen zeigten – nur eine Minderheit der Lehrkräfte die neuen Chancen wahr. Trotz dieses Einwandes erweist sich Corona im Nachhinein als wirksamste Fortbildungsmaßnahme der letzten Jahrzehnte und zeigt nebenbei, dass notwendiger Wandel bisweilen erst durch Krisenerfahrungen möglich ist. Diese gilt es jetzt durch eine umfassende Fortbildungsoffensive positiv zu wenden, die darauf abzielt, Schule krisensicher und zukunftsfähig zu machen.

Schule neu entwerfen

Verstärkter Einsatz digitaler Medien allein wird dies allerdings nicht leisten können, denn beim jetzt anstehenden Umbau der Lehr- und Lernkultur geht es um nichts weniger als einen Neuentwurf von Schule.

Dabei erweisen sich zwei Zugänge als vielversprechend: Zum einen die Ansätze aktivierenden, selbstgesteuerten Lernens – unterstützt durch eine vorbereitete, personalisierte Umgebung in analogen und digitalen Formaten; zum anderen ein von den Beteiligten entwickeltes innovatives pädagogisches Konzept, das in einer von allen getragene Vision mit konkreten Umsetzungsschritten und eindeutigen Verantwortlichkeiten dem Handeln Orientierung gibt.

Dabei handelt es sich um einen Übergang von der normierten, bürokratisierten Verwaltungsschule zu einer offenen, agilen, sich permanent weiterentwickelnden »Lernenden Organisation«.

Dies setzt voraus, dass Schulen mehr Gestaltungsfreiheit und professionelle Unterstützung bei der Schulentwicklung erhalten. Anders als im Industriezeitalter der Massenproduktion, geht es weniger um Normierung, sondern stärker um Personalisierung: Schulen müssen vor dem Hintergrund ihrer besonderen Situation vor Ort, ihres besonderen Kollegiums und ihrer besonderen Schülerschaft diejenigen Lösungen finden bzw. schrittweise entwickeln, die für ihre spezifische Konstellation geeignet sind. Zwar können Pionierschulen hier wertvolle Anregungen geben, doch auch ihre Modelle sind kontextabhängig und personengebunden und deshalb nicht eins zu eins übertragbar. Schulentwicklung ist ein Prozess, der nicht verordnet werden kann, sondern von den Beteiligten mit Energie und Leidenschaft getragen werden muss.

Allerdings ist es Aufgabe von Kultus- und Schulverwaltung sowie Schulträgern für Freiheitsgrade und Unterstützung zu sorgen sowie Anreizsysteme für agilen Wandel zu schaffen. Hier stellt sich die Frage, woher Schulleitungen und Lehrkräfte die Kompetenzen für den notwendigen Umbau erwerben können.

Digital Learning Leadership ausbilden

Leider ist von der traditionellen Lehrerbildung in dieser Hinsicht kaum etwas zu erwarten, denn bislang gibt es zu wenig Anreize, die Studieninhalte entsprechend zu ändern. Zudem benötigen universitäre Gremien viel zu viel Zeit, um die notwendigen Schritte einzuleiten. Und es dauert im Übrigen zu viele Jahre, bis einschlägig ausgebildete Lehrkräfte auch in den Schulen eintreffen.

Kurzfristig muss es deshalb darum gehen, möglichst viele Schulleitungen in »Digital Learning Leadership« weiterzubilden. Schließlich zeigt die Schulqualitätsforschung: Gute Schulen haben gute Schulleitungen. Bestätigt wird diese Einsicht durch die von mir oben angeführten Pionierschulen, in denen der Wandel ja von engagierten Führungskräften angestoßen wurde.

Beispielgebend in dieser Hinsicht ist der von Martin Fugmann, dem ehemaligen Leiter der Deutschen Schule im Silicon Valley, entwickelte Weiterbildungskurs »Digital Learning Leadership«, den er mit seinem Team an der »Deutschen Akademie für Pädagogische Führung« (DAPF) in Dortmund anbietet. Worum es dabei geht, zeigt die nachfolgende Auflistung der Studieninhalte:

- Schul- und Unterrichtsentwicklung im Kontext von Digitalisierung
- Rolle der Schulleitung im Transformationsprozess »Digitalisierung von Schule und Unterricht«
- Reflexion und Austausch rund um die Schulsituation in Corona-Zeiten
- Vorstellung von Entwicklungsvorhaben der Landesregierungen (u. a. Bezug auf die Handreichungen und Unterstützungsmaterialien zum Lehren und Lernen in Distanz: https://broschüren.nrw/distanzunterricht/home/#!/Home)
- Entwicklung und Reflexion schulischer Medienkonzepte
- Kommunikationsplattformen, Cloud-Lösungen, Lernmanagementsysteme, digitale Feedback- und Evaluationsinstru-

mente (u. a. kostenloser Zugang zu IQES online für die Dauer des Kurses)
- Digitalisierung und regionale Bildungsnetzwerke

http://www.zhb.tu-dortmund.de/zhb/dapf/de/home/Weiterbildende_Studien/DLL/Team

Fugmann und seinem Team geht es darum, Konzepte zum Distanz- und Präsenzlernen pädagogisch sinnvoll zu gestalten und umzusetzen. Doch, was heißt »pädagogisch sinnvoll«?

Analog und digital sind keine Gegensätze

Viele der Widerstände bei Lehrkräften und auch Eltern gegen eine Ausweitung digitaler Lehr-/Lerntechnologien in der Schule beruhen auf einer falschen Gegenüberstellung: Beim Neuentwurf der Schule geht es nicht darum, alles zu digitalisieren, denn analog und digital sind keine Gegensätze, die einander ausschließen, sondern sich ganz im Gegenteil sinnvoll ergänzen können – vorausgesetzt beide Zugänge sind Teil eines umfassenden pädagogischen Konzeptes.

Selbst der Begründer von Alibaba, des chinesischen Pendants von Amazon, Jack Ma, sah sich bei seiner mittlerweile berühmten Rede auf dem Weltwirtschaftsforum 2018 in Davos zu einer Klarstellung genötigt. So meinte der ehemalige Englischlehrer und jetzige CEO einer der weltweit größten Internet-Plattformen: »Alles, was wir unseren Kindern beibringen, muss sich von dem unterscheiden, was Maschinen können.« Angesichts einer schnell sich wandelnden und durch zunehmende Digitalisierung geprägten Welt müssten wir die Art, wie wir unterrichten, radikal ändern. Lehrer sollten aufhören, lediglich Wissen zu vermitteln, sondern sollten ihren Schülern etwas Einzigartiges vermitteln. Ja, und was könnte das sein? Zur Überraschung seiner Zuhörer legte er den Schwerpunkt weniger auf digitale Kompetenzen, sondern verwies auf traditionelle Inhalte:

Werte, Überzeugungen, unabhängiges Denken, Sorgen für Andere, Sport, Musik, Malen, Kunst etc.

Was bringt Digitalisierung?

Hier zeigt sich, die Befähigung zum »Digital Learning Leadership« ist nur eine Voraussetzung, für den Neuentwurf von Schule, bei dem es darum geht, herauszufinden wie bewährte Konzepte mit den neuen digitalen Möglichkeiten verbunden werden können. Kritiker behaupten mit Verweis auf Untersuchungsergebnisse des neuseeländischen Schulforschers John Hattie, digital unterstütztes Unterrichten erbringe keinen oder nur geringen Mehrwert. Ich denke, Corona hat uns eines Besseren belehrt, denn hier war Unterricht zumindest teilweise nur noch mit digitaler Unterstützung möglich.

Die vorschnellen Urteile dienen häufig nur der Abwehr von Veränderung und basieren zudem auf unzutreffenden Verallgemeinerungen: So stehen wir erst am Anfang der Erkundung neuer Möglichkeiten digital unterstützten Lehrens und Lernens. Weder sind die digitalen Instrumente bislang optimal entwickelt noch verfügt die Mehrzahl der Lehrkräfte über eine entsprechende Ausbildung.

Aber schon jetzt zeichnet sich ab, dass sinnvoll eingesetzte Werkzeuge wie Lernmanagementsysteme, Lernplattformen, Erklärvideos, Apps und vieles mehr, geeignet sind, nicht nur fehlenden Präsenzunterricht zu ergänzen, sondern auch Lehren persönlicher zu machen und nebenbei Lehrkräfte zu entlasten.

Ausbildung in analogem und digitalem Coaching

Gleich ob analog oder digital geht es beim anstehenden Neuentwurf der Schule um eine ganz andere Frage. Sie lautet:

Wie können wir unter Krisenbedingungen einer schnell sich wandelnden Welt komplexer Herausforderungen, zukünftige

Generationen zur aktiven Zukunftsgestaltung befähigen? Wie muss Schule beschaffen sein, damit sie es Schüler/innen ermöglicht, ihre Talente und Neigungen freizusetzen und ihr kreatives Potential so zu entwickeln, das sie in der Lage sind allein und im Team an Problemlösungen zu arbeiten? Wie muss Schule gestaltet sein, dass sie zur Ausbildung der bereits eingangs erwähnten 21st Century Skills befähigt: Kritisches Denken und Problemlösen, Kommunikation und Kollaboration, Kreativität und Innovation sowie Umgang mit Unsicherheit.

Dafür kann neben der personalisierten Lernumgebung ein Coaching-System sorgen, dass darin besteht, dass jedem Schüler ein persönlicher Lerncoach zugeordnet wird, der den Lernweg verfolgt und persönliches Feedback gibt.

Wenngleich hier der Aufbau hilfreicher Lehrer-Schüler-Beziehungen mit Präsenzkontakten im Zentrum steht, eröffnen die sich entwickelnden Lernplattformen neue Möglichkeiten digital unterstützten, kontinuierlichen Feedbacks.

So experimentiert die bereits erwähnte Khan-Academy mit Tracking-Systemen, die das Lernverhalten des Schülers verfolgen, kontinuierlich Feedback geben und bedarfsorientiert Entwicklungsaufgaben zuweisen. Solche Systeme personalisierten Lehrens und Lernens sind sehr vielversprechend, vorausgesetzt Datenschutzbedingungen werden gesichert und eingehalten. Anders als in dem abschreckenden Beispiel des chinesischen Bildungssystems mit seinem Social Credit Bewertungsverfahren, geht es hier ausschließlich um optimierte Lernförderung. Wie sinnvoll ein solches Vorgehen ist und welche Optimierungsmöglichkeiten es bietet, muss sich allerdings erst erweisen.

Unabhängig davon sollten Lehrkräfte aber in den Möglichkeiten analogen und digitalem Coachings weitergebildet und über Risiken und Chancen informiert sein. In Weiterführung solcher Werkzeuge bietet sich schon heute die Chance zum Aufbau eines digital gestützten Evaluations- und Feedbacksystems.

Schritt 7: Aufbau eines digital gestützten Evaluations- und Feedbacksystems

Wenn Schule sich stärker zu einer »Lernenden Organisation« entwickeln soll, benötigen wir kontinuierlich Daten über den Entwicklungsstand, also ganz im Sinne Hans-Günter Rolffs (2020) – eine datenbasierte Schulentwicklung. Das klingt auf den ersten Blick gut, doch bin ich aufgrund der Übertreibungen und Vereinseitigungen des Umgangs mit Daten der empirischen Bildungsforschung in den letzten Jahren skeptisch und favorisiere einen Beteiligungsorientierten Ansatz.

So liegt mein Fokus weniger auf fremdbestimmte Kontrolle, sondern stärker auf selbstbestimmter Datensouveränität. Die abschreckenden Beispiele des chinesischen Social Credit Systems und der Datenhunger der Internetkonzerne drohen – wie Shosanna Zuboff (2018) in ihrer wegweisenden Untersuchung gezeigt hat – in ein neues Zeitalter des »Überwachungskapitalismus« zu münden.

Wenn ich also hier für den Aufbau von digitalisierten, datengestützten Feedbacksystemen plädiere, die Lehrkräfte und Lernende kontinuierlich über Fortschritte und Entwicklungsaufgaben informieren, dann sind umfassender Datenschutz und persönlichen Datensouveränität unhintergehbare Voraussetzungen.

Wenn dies allerdings gegeben ist, dann können solche Feedbacksysteme das Lernen von LehrerInnen und Schüler/innen, aber auch der gesamten Organisation durch kontinuierliches, personalisiertes Datenfeedback optimieren. Damit werden mittelfristig Schulnoten überflüssig, die ohnedies – wie Silvia-Iris Beutel und Hans Anand Pant (2020) in ihrer wegweisenden Untersuchung »Lernen ohne Noten« ausgeführt haben, eher persönlichkeitsschädigend als lernförderlich sind.

4. Von der Unterrichtsanstalt zum Future-Lab

Die Corona-Krise hat nur zugespitzt, was vielen von uns in den letzten Jahren immer dringlicher bewusst wurde: Wir befinden uns in einem Epochenbruch, dessen Kern in der Herausforderung besteht, zukunftsfähige, »resiliente« Wirtschafts- und Lebensstile zu entwickeln, denn das Modell unserer expansiven Risikozivilisation bedroht unsere Lebensgrundlagen auf vielfältige Weise. Ob es um den Klimawandel geht, um den wachsenden Gegensatz von arm und reich, das Auseinanderfallen von Gesellschaften, die Gefahren von plötzlich auftretenden Pandemien und vieles mehr, stehen viele unserer bisherigen Lösungsmodelle auf dem Prüfstand. Und damit geht es auch um die Frage, ob und wie Schule diese Anforderungen als Chance nutzen kann. Dabei gilt: Zwar benötigen Heranwachsende ein solides Basiswissen, doch es reicht nicht aus, mit Lösungen von Gestern die Herausforderungen von Morgen angehen zu wollen. Wissen allein, das haben viele Untersuchungen gezeigt, befähigt nicht zu zukunftsorientiertem Handeln. Im Gegenteil: Gerade die Überinformation verstärkt unsere Handlungsunfähigkeit.

An anderer Stelle (Burow 2020) habe ich deshalb für die Einführung eines »Schulfachs Zukunft« oder besser noch die Reservierung von »Future Fridays« für die Auseinandersetzung mit Zukunftsfragen und die Umsetzung von Projekten »eingreifender Zukunftsgestaltung« plädiert. Schule sollte in Teilen zu einem »Zukunftslabor«, einem »Future Lab« werden, also einem Ort, an dem man nicht nur über mögliche Zukünfte nachdenkt und sich etwa mit den 17 »Global Goals« für nachhaltige Entwicklung der Vereinten Nationen auseinandersetzt, sondern auch Umsetzungsschritte in überschaubaren Teilbereichen erprobt. Solides Grundlagenwissen muss mit dem Aufbau engagierter Haltungen und der Befähigung zum Handeln verbunden werden. Digitale Werkzeuge bieten hier vielfältige Möglichkeiten der partizipativen Zukunftsgestaltung aus dem Klassenraum oder Lernlandschaft heraus.

So verschmelzen im digitalen Zeitalter tendenziell Lernen und Gestalten, denn mit jeder intelligenten Aktion, die ich im Netz vornehme, kann ich im Hier-und-Jetzt Teil der kollektiven Intelligenz werden. Ob ich an einem Wikipedia-Artikel mitschreibe, eine App entwickele, einen Blog gestalte, ein Informationsnetzwerk gründe oder vieles mehr, werde ich Teil einer rasant sich entwickelnden global community.

Statt sich über die zum Teil katastrophalen Fehlentwicklungen des Netzes und entgleister social communities zu beklagen, geht es stärker darum, Heranwachsende zu befähigen, eingreifende MitgestalterInnen zu werden. Hätten, um ein Beispiel zu geben, engagierte Englisch- und Politiklehrer während der Brexit-Debatte via Skype Diskussionen mit englischen Partnerklassen flächendeckend organisiert, statt persönlich kaum bedeutsamen Unterrichtsstoff zu pauken, hätten sie nicht nur einen Beitrag zu intensivem Sprachlernen und politischer Bildung geleistet, sondern vielleicht sogar den Brexit verhindern können – gaben doch nur ca. 2% der Stimmen den Ausschlag und war die Mehrheit der Jugendlichen, wie Umfragen zeigten, für ein vereintes Europa.

5. Schulleitungen werden zu Future-Designern

Warum verwende ich den Begriff »Future-Design«, um für die stärkere Ausrichtung der Schule auf die Befähigung zur eingreifenden Zukunftsgestaltung zu plädieren? Ein Grund dafür ist, dass ich einen erweiterten Designbegriff für Orientierung gebend und zukunftsweisend halte. Wie Friedrich von Borries (2016) in seinem Entwurf einer »politischen Designtheorie« ausführt, meint Design nämlich nicht nur die Gestaltung von Dingen, sondern betrifft tendenziell alle Gestaltungsbereiche, gleich, ob es sich um Gegenstände, Räume oder soziale und gesellschaftliche Verhältnisse handelt. Da wir mehr denn je gezwungen sind, die Bedingungen, unter denen wir leben, mitzugestalten, wollen wir ihnen nicht passiv ausgeliefert sein, müssen wir als ersten Schritt die Befähigung zum »Weltentwerfen«, so von Borries, ausbilden. In diesem Sinne hat die Ökonomin Maja Göpel (2020) jüngst unter dem Titel »Unsere Welt neu Denken« Ideen für ein zukunftsfähiges Wirtschaftssystem vorgestellt und traf mit ihrem Entwurf auf eine überwältigende Resonanz.

Ihr Buch ist eine ausgezeichnete und gut fokussierte Zusammenstellung bekannter Ideen und insofern hilfreich für Menschen, die sich mit der Frage der Zukunftsfähigkeit unseres Wirtschaftssystems bislang nicht oder nur unzureichend beschäftigt haben. Ergänzend könnte man auch das wegweisende Manifest des Oxford-Historikers Paul Collier (2019) mit dem programmatischen Titel »Sozialer Kapitalismus« lesen. Doch solche Entwürfe können nur ein erster Schritt sein, mangelt es uns doch weniger an Vorschlägen, die Welt im Allgemeinen und die Schule im Besonderen neu zu denken. Ja, die meisten Alternativmodelle sind seit langem bekannt und nur selten findet sich darin wirklich Neues. Ob es sich um Pädagogik, Bildung und die Neugestaltung von Schule handelt, die Entwicklung eines gerechten, naturverträglichen und zukunftssicheren Wirtschafts- und Gesellschaftsmodells handelt oder um Konzepte der Weiterentwicklung unserer Demokratie, die Liste der originellen Querdenker und entsprechend ausgefeilter Modelle ist lang. Doch warum setzen sich diesen Autoren mit ihren zum Teil faszinierenden Modellen so wenig durch?

Wie ich in »Future Fridays« (Burow 2020) ausgeführt habe, leiden wir in fast allen gesellschaftlichen Bereichen unter der »Transformationslücke«, die darin besteht, dass es uns zu selten gelingt, unser Wissen, das sich unablässig vermehrt, auch in entsprechendes Handeln umzusetzen. Wissen ist nämlich keine Kompetenz. Kompetenz besteht vielmehr aus der Verbindung von Wissen, Haltung und Handeln. Die Ausbildung der Fähigkeit zum Weltentwerfen oder zum Weltneudenken wird nur produktiv sein, wenn sie mit einer Arbeit an persönlichen und gemeinschaftlichen Werthaltungen verbunden ist, die in konkrete Umsetzungsprojekte münden müssen.

Kritiker könnten nun einwenden, mit meinem Plädoyer einer Verbindung von Wissen, Haltung und Handlung als Kern von anzustrebender Gestaltungskompetenz propagierte ich einen appellativen Positivismus, der die Möglichkeiten eingreifenden Handelns – zumal im schulischen Kontext – maßlos überschätzt. Ich sehe durchaus die Berechtigung dieses Einwandes, bin aber im Sinne der Positiven Pädagogik (Burow 2011) der Auffassung, dass PädagogInnen dem schon von Robert Jungk vor Jahrzehnten vertretenen »Projekt Ermutigung« verpflichtet sein sollten. In seiner »Streitschrift wider die Resignation« plädierte er für aktives Handeln und zeigte, dass Veränderungen selbst unter schwierigen Bedingungen meist von besonders engagierten Einzelnen angestoßen wurden.

Auch die von mir angeführten Beispiele innovativer Schulen belegen in diesem Sinne, dass es auf profilierte Persönlichkeiten ankommt, die selbst unter schwierigen Bedingungen durch ihr Engagement Erstaunliches erreichen und andere mit ihrer Begeisterung und ihrem Engagement anstecken können. In diesem Sinne sollten Schulen zur Ausbildung von begeisterungsfähigen Persönlichkeiten beitragen, die in der Lage sind, Chancen zu erkennen und zu nutzen.

Wo werden Schüler/innen heute mit solchen Ideen konfrontiert? Wo lernen sie querzudenken? Wo stellen sich Schulen den Herausforderungen zu einem grundlegenden Umdenken und Umhandeln?

Schulen werden, das zeigen Untersuchungen, durch Schulleitungen geprägt. Gute Schule haben gute Schulleitungen. Ihre Haltung und ihr Engagement beeinflussen die Schulkultur und auch die Leistungsergebnisse. So wie sich die LehrerInnenrolle unter den gewandelten Bedingungen ändert, so muss sich auch die Rolle von Schulleitungen ändern. Engagierte und innovative Querdenker wie etwa der Schulleiter der Alemannenschule, Stefan Ruppaner, sind nicht mehr Schulleiter traditionellen Typs, sondern haben sich im wahrsten Sinne des Wortes zu »Future-Designern« entwickelt. Ich bezeichne sie als »Future Designer«, weil sie nicht nur Schule und Pädagogik neu denken, sondern auch aktiv an der Umsetzung ihrer Ideen arbeiten und in der Lage sind, ihre Schulgemeinde dafür zu begeistern.

Schulleitungen, die so arbeiten, sind nicht mehr Führungskräfte im traditionellen Sinne, da sie ihren Schwerpunkt nicht mehr allein auf die Umsetzung von Verwaltungsvorschriften und die Sicherung eines geordneten Betriebs setzen, sondern sich durch proaktives Handeln zu Zukunftsgestaltern, »Future-Designern« wandeln.

6. Resilienz-Check: Der große Test zur Krisensicherheit Ihrer Schule

Überprüfen Sie: Wie krisensicher ist Ihre Schule?

In »Bildung 2030 – Sieben Trends, die die Schule revolutionieren«, habe ich analysiert, welchen Trends bzw. Herausforderungen sich Schulen stellen müssen, wenn sie zukunftsfähig werden wollen. Wenngleich der Fokus auf das Konstrukt »zukunftsfähig« bereits Aspekte der Krisenprävention beinhaltet, deckt er doch nicht alle Aspekte der Krisenprävention ab. Deshalb habe ich in Berücksichtigung der Erfahrungen aus der Corona-Krise diesen Test um Analysefragen erweitert, die den Gesichtspunkt der Krisensicherheit stärker berücksichtigen.

In diesem Test können Sie nicht also nur überprüfen, wie zukunftsfähig bzw. krisensicher Ihre Schule ist, sondern Sie erhalten mit der Auswertung auch Anregungen dafür, was Sie und Ihre KollegInnen unternehmen können, um den absehbaren Herausforderungen gerecht zu werden und die Chancen zu nutzen, die sich aus einer zukunftsorientierten, resilienzförderlichen Schulentwicklung ergeben.

Die Dimensionen, die der Test abfragt, zielen auf den Aufbau einer wertschätzenden, gesundheits-, kreativitäts-, leistungsförderlichen und krisensicheren Schule, die der umfassenden Potentialentwicklung im Sinne der Positiven Pädagogik dient.

Der Test liefert in diesem Sinne eine erste Orientierung für Entwicklungsbereiche Ihrer Schule und kann als Momentaufnahme Ausgangspunkt für differenziertere Analysen und die

Erarbeitung von Entwicklungsmaßnahmen zu den sieben Dimensionen dienen. Planen Sie für die Durchführung mindestens ca. 30 Minuten ein.

Durchführung des Tests

Schätzen Sie zu den nachfolgenden sieben Fragen den Entwicklungsstand Ihrer Schule auf einer Skala von 0-10 ein, wobei 0 bedeutet, dass Ihre Schule den jeweiligen Bereich noch nicht entwickelt hat und 10, dass die Kriterien optimal erfüllt sind.

0	1	2	3	4	5	6	7	8	9	10

Addieren Sie anschließend die sieben Einzelwerte zu einem Gesamtwert. Der Wert 10 auf der Skala von 0 bis 10 bedeutet die Kriterien sind voll erfüllt.

Wenn Sie Einzelwerte addieren, erhalten Sie einen Gesamtwert, der bezogen auf die sieben Bereiche erste Anhaltspunkte für den Entwicklungsstand sowie der Entwicklungsnotwendigkeiten bzw. Entwicklungspotentiale Ihrer Schule gibt.

Wenn Sie den Gesamtwert (alle addierten Einzelwerte) durch 7 Teilen, erhalten Sie einen verdichteten Zukunftswert, der eine Art »Gesamtbilanz« zieht und Ihnen zeigt, wo Sie in der Entwicklung stehen.

Interessant sind aber in erster Linie die Einzelbewertungen, weil sie erste Anhaltspunkte für Optimierungsmöglichkeiten in den benannten Bereichen liefern. Von Ihrem pädagogischen Konzept und Ihren Entwicklungszielen hängt es ab, welche Bereiche Sie aufgrund der Bewertung weiterentwickeln möchten.

Sie können diesen Test auch mit Ihrem Kollegium durchführen, um ein Meinungsbild zum Ist-Stand und zu den Entwicklungswünschen zu erhalten.

Wie bewerten Sie die Zukunftsfähigkeit Ihrer Schule?

Lesen Sie sich jetzt bitte die Fragen durch und bewerten Sie Ihre Einschätzung jeweils auf einer Skala von 0 bis 10.

1. Stand der Digitalisierung Ihrer Schule
- Wir verfügen über ein medienpädagogisch fundiertes Digitalisierungskonzept.
- Wir verfügen über ein leistungsfähiges W-Lan und eine Gerätegrundausstattung.
- Wir haben Digitalisierungsbeauftragte und KollegInnen nehmen an Medienfortbildungen teil.
- Wir verfügen über eine Lernplattform zum Austausch von Unterrichtsmaterialien.
- Wir stellen eine Lernplattform für unsere Schüler/innen zur Verfügung oder nutzen bestehende Plattformen und/oder Apps.

Schätzen Sie jetzt auf einer Skala von 0-10 den Entwicklungsstand Ihrer Schule in diesem Bereich ein.
10 bedeutet, dass sie sehr gut aufgestellt sind; 0, dass dieser Bereich nicht oder nur ungenügend entwickelt ist.

Meine Bewertung bezüglich Digitalisierung:

0	1	2	3	4	5	6	7	8	9	10

2. Stand des personalisierten Unterrichtens und der veränderten Lehrerrolle
- Wir nutzen Verfahren zu Potentialanalyse von SchülerInnen und fördern individuelle Neigungen bzw. Talente.
- Wir verfügen über ein Binnendifferenzierungskonzept und fördern individualisiert.
- Wir verstehen uns als Lernbegleiter bzw. Lern-Coaches und verfügen in Ergänzung zu den Noten über personalisierte Feedbackformate.
- Wir unterstützen die Schüler/innen in ihrem individuellen Lernfortschritt durch analoge und digital unterstützte Selbstlernformate.

- Unsere Schüler sind im selbstständigen Lernen geübt und gewohnt es mit digital devices (Smartphone, iPad etc.) allein und im Lernteam durchzuführen.

Schätzen Sie jetzt auf einer Skala von 0-10 den Entwicklungsstand Ihrer Schule in diesem Bereich ein.
10 bedeutet, dass sie sehr gut aufgestellt sind; 0, dass dieser Bereich nicht oder nur ungenügend entwickelt ist.

Meine Bewertung bezüglich Personalisierung und neue Lehrerrolle:

0	1	2	3	4	5	6	7	8	9	10

3. **Entwicklungsgrad fächerübergreifender Unterricht und Vernetzung**
- Wir verfügen über Angebote fächerübergreifenden Unterrichts.
- Wir arbeiten – zumindest zeitweise – in fächerübergreifenden Teams.
- Wir fördern die Bildung von selbstständig arbeitenden, leistungsgemischten Schülerteams.
- Wir bieten Projektunterricht an.
- Wir sind mit außerschulischen Partnern analog und digital vernetzt.

Schätzen Sie jetzt auf einer Skala von 0-10 den Entwicklungsstand Ihrer Schule in diesem Bereich ein.
10 bedeutet, dass sie sehr gut aufgestellt sind; 0, dass dieser Bereich nicht oder nur ungenügend entwickelt ist.

Meine Bewertung bezüglich fächerübergreifenden Unterricht und Vernetzung:

0	1	2	3	4	5	6	7	8	9	10

4. **Zukunftsfähiges Raum- und Hygienekonzept. Vom Klassenzimmer zur Lernlandschaft**
- Wir haben Raumkonzepte geschaffen, die SchülerInnen darin unterstützen, selbstorganisiert oder in Projekten zu lernen.

- Wir verfügen über »vorbereitete Umgebungen« (analog und digital), die zum Lernen motivieren und selbstgesteuertes Lernen unterstützen.
- Wir verfügen über einen Plan, in dem wir beschreiben, welche räumlichen Gestaltungen und Ausstattungen wir in den nächsten Jahren anstreben, um unser pädagogisches Konzept umzusetzen.
- Wir haben uns mit Konzepten innovativer Raumgestaltungen auseinandergesetzt und arbeiten gemeinsam an einer schrittweisen Umsetzung, die unseren spezifischen Anforderungen gerecht wird.
- Wir haben Hygienemaßnahmen ergriffen (z.B. Lüftungs-, Raum- und Abstands-/Gruppenzusammensetzungskonzepte), um auch unter Pandemiebedingungen arbeitsfähig zu bleiben.

Schätzen Sie jetzt auf einer Skala von 0-10 den Entwicklungsstand Ihrer Schule in diesem Bereich ein.
10 bedeutet, dass sie sehr gut aufgestellt sind; 0, dass dieser Bereich nicht oder nur ungenügend entwickelt ist.

Meine Bewertung bezüglich Raumkonzept:

0	1	2	3	4	5	6	7	8	9	10

5. Wie weit sind sie auf dem Weg zur gesundheitsförderlichen Schule?
- Wir haben die gesundheitlichen Belastungen von Lehrer/innen und Schüler/Innen an unserer Schule untersucht und verfügen über einen Plan zur schrittweisen Entwicklung zu einer stärker gesundheitsförderlichen Schule.
- Wir engagieren uns in den Bereichen gesunde Ernährung, bewegt Schule und Achtsamkeit.
- Wir verfügen über ein pandemieorientiertes Hygienekonzept und sind dabei, auch die technischen Voraussetzungen für dessen Umsetzung zu schaffen.
- Wir arbeiten systematisch an dem Aufbau einer gesundheitsförderlichen Schulkultur.

- Wir entlasten uns gegenseitig durch Delegation, Teamarbeit und – soweit gewünscht – kollegiales Teamcoaching.

Schätzen Sie jetzt auf einer Skala von 0-10 den Entwicklungsstand Ihrer Schule in diesem Bereich ein.
10 bedeutet, dass sie sehr gut aufgestellt sind; 0, dass dieser Bereich nicht oder nur ungenügend entwickelt ist.

Meine Bewertung bezüglich der Entwicklung zur »gesunden Schule«:

0	1	2	3	4	5	6	7	8	9	10

6. Inwieweit sind ihrer Schüler/innen beteiligt und wie entwickelt haben sie ein Konzept für die Förderungen demokratischem Engagements?
- Wir verfügen über ein demokratiepädagogisches Unterrichts- und Beteiligungskonzept.
- An unserer Schule hat jede Klasse einen Klassenrat, eine Klassenratsstunde und es gibt Beteiligungsmöglichkeiten der SchülerInnen.
- Wir führen regelmäßig Beteiligungsprojekte mit Partnern aus der Gemeinde durch.
- Wir nutzen die Möglichkeiten sozialer Netzwerke und befähigen unsere Schüler zum kritischen Umgang und zur einflussnehmenden Intervention.

Schätzen Sie jetzt auf einer Skala von 0-10 den Entwicklungsstand Ihrer Schule in diesem Bereich ein.
10 bedeutet, dass sie sehr gut aufgestellt sind; 0, dass dieser Bereich nicht oder nur ungenügend entwickelt ist.

Meine Bewertung bezüglich der Entwicklung zur demokratieförderlichen Schule:

0	1	2	3	4	5	6	7	8	9	10

7. **Glück – Wie steht es um das Wohlbefinden aller Beteiligten?**
- Wir arbeiten am Aufbau einer Schulkultur, die Wohlbefinden und Engagement fördert.
- Wir verfügen über ein Feedbacksystem, um das Wohlbefinden zu messen und Fehlentwicklungen frühzeitig zu erkennen.
- Wir würdigen regelmäßig besondere Leistungen von LehrerInnen, SchülerInnen und Elternvertretern.
- Wir fördern das Klima unserer Schule durch regelmäßige kulturelle Festveranstaltungen.
- Wir bieten das Schulfach Glück an oder bieten andere Angebote, die der Selbstreflexion und der Befähigung zum »guten Leben« dienen.

Schätzen Sie jetzt auf einer Skala von 0-10 den Entwicklungsstand Ihrer Schule in diesem Bereich ein.
10 bedeutet, dass sie sehr gut aufgestellt sind; 0, dass dieser Bereich nicht oder nur ungenügend entwickelt ist.

Meine Bewertung bezüglich der Entwicklung zur »glücksförderlichen Schule«:

0	1	2	3	4	5	6	7	8	9	10

Auswertung: Wie hoch ist Ihr Zukunftsindex?

Der *Zukunftsindex* erreicht maximal 7x10 also 70 Punkte. Bei der Auswertung sollten Sie sich klar machen, dass Sie nicht in allen Bereichen Spitze sein können, denn Schule, Unterricht und Lehrerbildung erleben im Angesicht von Digitalisierung und Globalisierung – zugespitzt durch die Corona-Krise – einen Epochenbruch: Fast alle Bereiche der Gesellschaft sind einem rasanten Wandel ausgesetzt, der zunehmend auch die Schulen erfasst, sei es durch die Veränderungen der Lebenswelten von Kindern und Jugendlichen oder die neuen – technologisch und kulturell – bedingten Anforderungen.

Insofern beschreibe ich mit meinen sieben Trends Entwicklungsbereiche, die als Orientierungspunkte für eine langfristige Schulentwicklung zur Erreichung von Zukunftsfähigkeit dienen. Dabei gilt die Erkenntnis einer älteren McKinsey-Studie, die untersucht hat, wie es Schulen gelingt, sich erfolgreich zu entwickeln. Diese Schulen haben sich demnach auf 2-3 »big goals« konzentriert, die sie über mehrere Jahre verfolgt haben. Ein häufiger Fehler von Schulen ist, dass sie sich verzetteln. Wenn Sie im Anschluss Ihre Werte in die nachfolgende Tabelle eintragen, dann erhalten Sie eine Übersicht über den Ist-Stand und das Entwicklungsprofil Ihrer Schule.

Da man nicht alles erreichen kann, wird es darum gehen, zusammen mit Ihren KollegInnen zu bestimmen, welches Profil Sie sich für Ihre Schule wünschen und welches die Entwicklungsbereiche sind, die für Ihre spezifischen Bedingungen »zukunftsträchtig« sind und die Sie schwerpunktmäßig angehen möchten. Hier kann es sinnvoll sein, sich Beratung zu holen, um die Bereiche differenzierter zu analysieren, Entwicklungspotenziale zu identifizieren und Umsetzungsschritte anzugehen.

Falls Sie also bei diesem Test in einigen oder vielen Bereichen einen geringen Punktwert erzielen sollten, dann müssen Sie sich klar machen: Die nachfolgende Auswertung kann keine differenzierte Analyse des Entwicklungsstands Ihrer Schule leisten und sie zielt nicht auf eine Be- oder gar Abwertung, sondern es geht um eine Analyse der bislang ungenutzten *Entwicklungschancen*, die sich Ihnen bieten. Ja, es gilt jetzt die Corona-Chance zu nutzen, die darin besteht, dass wir veranlasst durch sie, unser bisheriges Schulmodell auf den Prüfstand stellen. Dadurch, dass alle Beteiligten von den Auswirkungen der Krise betroffen sind, wächst die Wahrscheinlichkeit, dass eine große Anzahl der Beteiligten bereit ist, sich für den Wandel, der in aller Interesse liegt, auch zu engagieren.

55-70 Punkte
Offenbar handelt es sich bei Ihnen um eine überdurchschnittlich engagierte Schule, die sich schon früh auf den Weg gemacht hat,

um Ihre Schüler/innen unter den veränderten Bedingungen optimal zu fördern und damit zukunftsfähig zu werden. Sie sollten sich um den Deutschen Schulpreis bewerben, denn Sie haben gute Chancen zu den Preisträgern zu gehören.

Außerdem sollten Sie das Erreichte feiern und öffentlich bekannt machen. Und vielleicht sollten Sie sich auch mal eine Pause gönnen, um die KollegInnen nicht zu überfordern und den erreichten Stand auch langfristig zu halten.

Auf jeden Fall sollten Sie darüber nachdenken – falls Sie es nicht schon tun – Ihr Konzept und Ihre Erfahrungen öffentlichkeitswirksam darzustellen und Fortbildungen für Schulleitungen und Schulkollegien anbieten, sowie sich einem Netzwerk innovativer Schulen anschließen.

40-54 Punkte
Sie sind offenbar auf dem Weg und haben schon einiges erreicht. Kommunizieren Sie das Ihren KollegInnen, den SchülerInnen und ElternvertreterInnen sowie der sonstigen Öffentlichkeit. Feiern Sie den erreichten Stand! Definieren Sie gemeinsam weitere Entwicklungsziele und Schwerpunkte, tauschen Sie sich mit innovativen Schulen aus und organisieren Sie sich Unterstützung. Versuchen Sie den Entwicklungsprozess durch kontinuierliche Evaluation und Fortbildung zu verstetigen.

Untersuchen Sie was Sie von Pionierschulen übernehmen können und wo Sie eigene Wege gehen wollen.

28-40 Punkte
Sie haben wahrscheinlich schon einzelne Bereiche gut entwickelt, haben aber in anderen noch einen längeren Weg vor sich. Organisieren Sie für die Entwicklungsschwerpunkte, die Sie angehen wollen, Fortbildungen für engagierte KollegInnen, die den jeweiligen Bereich voranbringen wollen. Bestimmen Sie Entwicklungspromotoren. Diese sollten Pionierschulen besuchen und zur Information pädagogische Tage für das gesamte Kollegium ggf. mit einschlägigen Referenten planen, um den Horizont der

KollegInnen zu erweitern und Gestaltungschancen zu verdeutlichen. Es kann auch sinnvoll sein eine Zukunftswerkstatt zur Zielbestimmung durchzuführen.

14-27 Punkte:
Offenbar sind Sie noch sehr stark dem Traditionsmodell von Schule verpflichtet. Vielleicht sind Sie und Ihr Kollegium damit auch zufrieden. Bevor Sie also Schulentwicklungsmaßnahmen in der von mir vorgeschlagenen Richtung vornehmen, überprüfen Sie erst mal, wo echter Veränderungsbedarf besteht und wie es um die Bereitschaft Ihres Kollegiums steht, neue Wege einzuschlagen – vielleicht zunächst mittels eines informierenden Vortrags durch einen ausgewiesenen Schulentwickler. Überlegen Sie wieviel Aufwand ein Schulentwicklungsprozess kostet, was er bringen könnte und wie viel Engagement Sie bereit sind zu investieren.

0-13 Punkte:
Sie sind dem traditionellen Schulmodell verhaftet und haben aus Sicht der Positiven Pädagogik großen Innovationsbedarf. Entweder arbeiten Sie unter extrem ungünstigen Bedingungen und Zukunftsfähigkeit spielt in Ihrem Bereich keine Rolle oder Sie und Ihr Kollegium wünschen keinen Wandel. Sollten Sie aber trotzdem von einer zukunftsfähigen Schule träumen, dann hilft hier nur ein radikaler Neustart: Sie brauchen eine kritische Bestandsaufnahme durch einen ausgewiesenen Schulentwickler, einen Ziel- bzw. Visionsbestimmung und einen langfristigen Prozess der Personalentwicklung und Weiterbildung. Sinnvoll kann auch ein Austausch von KollegInnen oder sogar eine Neugründung sein.

Das Zukunftsprofil Ihrer Schule

Tragen Sie in nachfolgende Tabelle Ihre Werte ein und verbinden Sie dann die Punkte durch eine senkrechte Linie. Betrachten Sie das so entstehende Zukunftsprofil Ihrer Schule. Überlegen Sie: Wie sieht die Ideallinie aus, die Sie in den nächsten Jahren anstreben möchten? Wie sieht das Zukunftsprofil aus, das Sie anstreben und dessen Erreichung Ihnen realistisch erscheint?

Digitalisierung:

0	1	2	3	4	5	6	7	8	9	10

Personalisierung – neue Lehrerrolle:

0	1	2	3	4	5	6	7	8	9	10

Vernetzung:

0	1	2	3	4	5	6	7	8	9	10

Raum- und Hygienekonzept:

0	1	2	3	4	5	6	7	8	9	10

Gesunde Schule:

0	1	2	3	4	5	6	7	8	9	10

Demokratieförderliche Schule:

0	1	2	3	4	5	6	7	8	9	10

Glücksförderliche Schule

0	1	2	3	4	5	6	7	8	9	10

Ihr Leitbild und Ihr Zukunftscode

Schulen, die systematisch ihre Zukunftsfähigkeit steigern wollen, brauchen ein Leitbild und einen Zukunftscode.

Das *Leitbild* sollte zusammen mit den KollegInnen in einer *Zukunftswerkstatt* erarbeitet werden und neben zentralen Leitsätzen aus einem anschaulichen Bild bestehen, das die angestrebte Entwicklungsrichtung symbolisch verdichtet sichtbar macht.

Zusätzlich benötigen Sie einen *Zukunftscode*, der aus drei Kernwerten in Form von Adjektiven (z.B. »innovativ – kooperativ – engagiert« besteht und als Prüfregel bei der Weiterentwicklung Ihrer Schule dient.

Weiterführende Infos: www.if-future-design.de
Kontakt: burow@uni-kassel.de

7. Corona und Schule: Interview mit Stefan Ruppaner
(Leiter der Alemannenschule Wutöschingen)

Auf der Suche nach Schulen, denen es gelungen ist, die Ideen der Positiven Pädagogik umzusetzen, also eine Schule zu entwickeln, in der Lernfreude, Wohlbefinden und gute Leistungen durch neue Organisationsstrukturen und innovative Lernformate gleichermaßen gefördert werden, habe ich in den letzten Jahren eine Reihe von Schulen besucht, die in dieser Hinsicht bemerkenswerte Fortschritte gemacht haben. Exemplarisch für pädagogische Innovationsversuche steht die Alemannenschule Wutöschingen mit ihrem Leiter Stefan Ruppaner, dessen jahrzehntelanges Engagement mit einem kreativen Kollegium 2019 durch den Deutschen Schulpreis gewürdigt wurde. Daher liegt es nahe – bei der Suche nach erfolgreichen Wegen zum Aufbau einer zukunftsfähigen, Resilienten Schule – ihn als erfahrenen Praktiker zu interviewen, kann er uns doch wichtige Hinweise über bewährte Umsetzungsschritte und zur Überwindung von Hindernissen liefern.

Am Beginn seines Aufbruchs vor über zehn Jahren als Leiter einer von der Abwicklung bedrohten Hauptschule stand die Erkenntnis, dass das traditionelle Format des Schulemachens nicht mehr überlebensfähig war: Demotivierte Lehrkräfte und SchülerInnen, zu wenig Lernfreude und unzureichende Ergebnisse. Daran hat sich offenbar in zu vielen, dem traditionellen Schul- und Unterrichtsmodell verhafteten Schulen bislang wenig geändert. Das legt zumindest eine Studie der Telekom-Stiftung (2020) nahe, die zu dem erschreckenden Ergebnis kommt, dass nur 23% der befragten SchülerInnen sagen, Lernen in der Schule mache ihnen Spaß. Obwohl zwei Drittel vermelden, Lernen außerhalb der Schule falle ihnen leicht, erfahren zu viele das Lernen in der Schule ganz anders: So assoziieren 51% Unterricht mit »Zwang« und »Druck« und 44% verzeichnen sogar »Frust«. (Einsehbar unter: https://www.telekom-stiftung.de/projekte/wie-lernen-kinder-und-jugendliche). Wie hat die Alemannenschule dieses Problem gelöst? Warum erfährt die Mehrzahl ihrer SchülerInnen ihre Schule als einen Ort von Lernfreude? Nach dem zwischenzeitlich erfolgten Umbau zur Gemeinschaftsschule – verbunden mit der Entwicklung eines völlig neuen Schul- und Unterrichtskonzepts – ist sie zu einem Ort geworden, an dem man allein und zusammen mit anderen im eigenen Tempo lernen kann und dabei durch digitale Systeme und einen Lerncoach unterstützt wird.

An dieser Schule gibt es keine Klassenlehrer, keine Klassenarbeiten, keine Klassen- oder gar Lehrerzimmer. Klassische Stundenpläne und Unterricht im Stundentakt sucht man hier vergeblich. Alle Schüler verfügen über iPads und können allein und in Lernteams unterstützt durch eine digitale Lernplattform sowie Lernmaterialien in Form von Kompetenzrastern ihren Lernprozess individuell gestalten. Hierbei unterstützt sie eine innovative Architektur mit Meetingräumen, Lernatelier und Bibliothek. Das alles begann damit, dass die Tische in den alten Klassenräumen so umgestellt wurden, dass jeder Schüler einen eigenen Arbeitsplatz hatte. Später wurden dann Wände rausgerissen und Umbauten vorgenommen, bis nach Jahren sogar ein innovativer Erweiterungsbau möglich wurde. Die 650 SchülerInnen und 70 Lehrkräfte arbeiten heute gemeinsam in Lern- und Entwicklungsteams, die SchülerInnen in altersübergreifenden Lerngemeinschaften. Auf der von der Schule selbst entwickelten Lernplattform, DiLer, können die SchülerInnen jederzeit ihren Lernstand einsehen. An die Stelle von Klassenarbeiten sind Gelingensnachweise getreten.

Detailliertere Informationen erhält man auf der Homepage der Schule, auf der es auch Videos und Hinweise zu informativen Presseartikeln gibt, die den Weg zur neuen Schule und zentrale Konzepte beschreiben. Doch lassen wir Stefan Ruppaner selbst berichten:

Burow: Was war der Anlass für Weg vom traditionellen Schulmodell zur neuen Alemannenschule?

Ruppaner: 2005 wurde ich Schulleiter der damals zweizügigen Grund- und Hauptschule. Zufällig sah ich 2007 im Fernsehen Reinhard Kahls Film »Treibhäuser der Zukunft«. Zunächst wollte ich gar nicht glauben, dass Schule nach den alternativen Modellen, die er dort vorstellte, funktionieren kann. Ich habe mir dann den Film besorgt. Da ich nach mehrmaligem Anschauen immer noch zweifelte, wollte ich sehen, wie so etwas in der Praxis funktioniert, und so besuchte ich die Bodenseeschule Sankt Martin, wo unter der Leitung von Alfred Hinz neue Wege des Lehrens und Lernens beschritten wurden. Dieser Besuch erweist sich im Nachhinein als mein Erweckungserlebnis, denn ich erkannte: Wir machen etwas falsch. Und ich dachte sofort: Was die machen, dieses freie, am Individuum und seinen Neigungen orientierte Lernen, das können wir auch. Damit war gewissermaßen die Spur gelegt.

Burow: Du hast Dich am Marchthaler Plan, dem Konzept, das Hinz entwickelte hatte, orientiert?

Ruppaner: Nein, ich habe es nicht so mit Theorien. Ich probiere Sachen einfach aus und sehe dann, was funktioniert. Das mit den Theorien, also z. B. Burow, Hüther, Rosa, das kam später – eher so als Bestätigung, dass wir auf dem richtigen Weg sind. Zu Beginn war ich da noch weitgehend unbeleckt und vielleicht war das auch unser Glück, weil wir einfach ohne Vorbelastung Sachen ausprobiert haben. Obwohl ich schon lange in der Schule und auch in der Lehrerfortbildung tätig gewesen war, hatte ich bis dahin noch nie von so etwas wie dem »Raum als dritten Pädagogen« gehört und obwohl ich Freiarbeit praktizierte, waren Klassenarbeiten für mich lange gottgegeben.

Burow: Und wodurch wurde dann der Wandel angestoßen?

Ruppaner: Die Fritz-Erler-Stiftung hatte damals in einer Studie festgestellt, dass es bis 2020 im Kreis Waldshut nur noch drei Hauptschulen gäbe – und unsere war nicht dabei. Ich bin zum Bürgermeister gegangen und der war geschockt, denn das wäre ein schwerer Verlust für unsere kleine Gemeinde. Also dachten wir nach, wie wir die Schule halten könnten. Deshalb begannen wir systematisch mit Schulentwicklung.

Burow: Und wie habt Ihr das gemacht?

Ruppaner: Startpunkt war ein Pädagogischer Tag 2008 mit dem Kollegium und Elternvertretern, auf dem wir uns – auch angestoßen durch Kahls Film – entschieden unseren Unterricht umzustellen und mit Kompetenzrastern zu arbeiten. Das dauerte aber und richtig los ging es erst 2011, als wir unser Leitbild hatten.

Burow: Inwiefern war das Leitbild wichtig? Was leistete es?

Ruppaner: Veränderungsprozesse sind nur erfolgreich, wenn die Beteiligten an ihrer Haltung arbeiten und über gemeinsam geteilte Werte verfügen. Wir einigten uns auf »Anstand – Selbstverantwortung – Willen« als unsere Kernwerte, die wir in vier Aussagesätzen konkretisierten. Als das klar war, konnten wir loslegen. Wir nahmen noch Korrekturen vor und die endgültige Fassung, die Du in unserem Schaubild siehst, war erst 2013 fertig.

Burow: Was waren anknüpfend an das Leitbild die Entwicklungsstadien?

Ruppaner: Während die meisten Schulen ein Geheimnis um die von ihnen entwickelten Kompetenzraster machten gingen wir einen anderen Weg: Wir veröffentlichten sie 2011 auf unserer Homepage, was dazu führte, dass viele Schulen unsere Materialien nutzten und einige mit uns im Netzwerk zusammenarbeiteten. 2011 haben wir auch unsere ersten Lernateliers in den traditionellen Klassenräumen eingerichtet, also Arbeitsplätze für die SchülerInnen der Klassen 5 und 6. Wir bewarben uns auch für den Umbau zur Gemeinschaftsschule und wurden sogar zur Starterschule gewählt. Das Konzept der Gemeinschaftsschule wurde ja in Baden-Württemberg von dem Schweizer Schulreformer Peter Fratton entwickelt. Viele Schulen waren neidisch auf uns, weil der uns bei der Entwicklung unseres neuen Konzeptes unterstützte. Dabei war das kein Zauberwerk. Ich habe ich ihn am Freitag einfach angerufen, um Beratung gebeten und Montag war er bei uns.

Burow: Hat er Euch sein Modell vermittelt?

Ruppaner: Nein, im Gegenteil. Ich habe gedacht, der erklärt uns jetzt, wie es geht. Hat er aber nicht. Keine Einrichtungstipps oder sowas. Kein bisschen. Stattdessen hat er ständig davon gesprochen, wir müssten unsere Haltung klären. Oh Mann, Haltung habe ich selber. Sag mir endlich, wie ich es machen muss! Doch mit der Zeit wurde uns klar, dass die Haltung das wichtigste ist.

Burow: Als die Haltung klar war, wie ging es weiter?

Ruppaner: 2012 ging es ganz schnell: Wir setzten die Idee vom Clubunterricht um. Dabei handelt es sich um längere Einheiten am Nachmittag, in denen die Schüler neigungsorientiert in Gruppen Themen bearbeiten oder Projekte umsetzen, und zwar auch außerhalb der Schule. Dabei ging mir das damals zu schnell, denn ich dachte, dafür bräuchten wir eine längere Vorbereitungszeit. Ich hatte einen Termin außerhalb der Schule, deshalb tagten die KollegInnen allein und entschieden sich ohne mich zu fragen für die Umsetzung der Clubidee.

Burow: Engagiertes Kollegium!

Ruppaner: In der Tat. Im gleichen Jahr bauten wir unser erstes Lernhaus, das »Blaue Haus« und richteten die ersten Lernateliers für die Klassen fünf und sechs ein – Großräume, in denen jeder Schüler seinen eigenen Arbeitsplatz hat. Dafür mussten wir Wände raushauen und haben, da es sonst zu aufwändig gewesen wäre, Bereiche nur mit Vorhängen abgeteilt. Aber das funktionierte.

Burow: Das habt Ihr neben dem normalen Betrieb geschafft?

Ruppaner: Ja, die erfahrenen KollegInnen mussten ja die anderen Klassen versorgen und wir starteten mit einem kleinen Innovationsteam. 2012 haben wir auch DILer entwickelt, eine digitale Lernplattform, auf der man Zeugnisse schreiben, den Lernerfolg jeden Schülers dokumentieren, Lernmaterialien verwalten, den Kontakt mit den Eltern halten und vieles mehr konnte.

2013 haben wir dann das »Grüne Haus« umgebaut, unser Leitbild veröffentlicht mit den vier Säulen.

2014 starteten wir dann mit dem iPad One -to-one-Konzept: Alle SchülerInnen der Klassen 5 und 6 erhielten ein persönliches iPad und wir begannen mit digital unterstützten Lehr-/Lernkonzepten. Außerdem gründeten wir zusammen mit 35 Schulen das Materialnetzwerk als eine Austauschplattform, auf der Unterrichtsmaterialien veröffentlicht und zur freien Verfügung bereitgestellt wurden. Nach und nach waren dadurch so gut wie alle Unterrichtsinhalte analog und digital verfügbar.

Burow: Und wie habt Ihr das finanziert? Das war doch ein arbeitsaufwändiger Prozess? Müssen die Nutzer einen Beitrag zahlen?

Ruppaner: Die Nutzung von DiLer und der Materialien ist kostenfrei – das kann jede Schule, die nach unserem Konzept arbeiten möchte, nutzen. Man kann die Materialien auch mit einem Support bestellen – das kostet dann 8 € pro Schüler und Jahr. Wir profitierten von kooperationsbereiten KollegInnen und Schulen. Wir nennen die Unterstützer unserer Materialplattform »Helden der Bildung«. Wir laden alle dazu ein, sich an der Weiterentwicklung zu beteiligen. (https://materialnetzwerk.wordpress.com/helden-der-bildung/)

Zusätzlich wurden aber auch Mittel von Stiftungen und sonstigen Sponsoren eingeworben.

Ein weiterer Meilenstein war dann 2016 der Neubau des »Weißen Hauses«, dessen spektakuläre Gestaltung des großen Lernateliers bundesweit Aufsehen erregte. Da begannen auch die Prominentenbesuche. Bildungsleute aus der ganzen Welt besuchten uns und wir begannen mit internationalen Schüleraustauschen wie zum Beispiel mit Kairo.

2017 waren wir dann Vorzeigeschule auf der didacta in Florenz und der Südwestfunk brachte die Dokumentation »Landleben 4.0«, in der unsere Gemeinde und unser Schulprojekt beschrieben wurden.

Burow: Würdest Du sagen, dass neben Eurem pädagogischen Konzept, nämlich die Entwicklung personalisierter Lernumgebungen und die Förderung der Selbstlernfähigkeiten von SchülerInnen, die Architektur eine wichtige Rolle für Euren Erfolg spielte?

Ruppaner: Auf jeden Fall. Was ich beim Start nicht wusste ist für mich sehr wichtig geworden: Die Idee des Raums als drittem Pädagogen. Wir müssen die überholten Klassenräume abschaffen und einladende, ansprechende Umgebungen schaffen, die konzentriertes Arbeiten des Einzelnen, Arbeit im Team in – und außerhalb der Schule, an herausfordernden Lernorten ermöglichen. Das kann gute Architektur unterstützen.

Burow: Die traditionelle Schularchitektur orientiert sich immer noch an der preußischen Kadettenanstalt und dem Prinzip der industriellen Massenproduktion, wie der englische Theaterpädagoge Ken Robinson in seinen Videos eindrücklich herausgearbeitet hat. Wie ging es weiter?

Ruppaner: 2018 konnten wir mit Unterstützung von Sponsoren den »Editor« herausbringen, ein digitales Werkzeug, das die Erstellung von digitalisierten Unterrichtsmaterialien leicht macht. Der hat über 100.000 € gekostet und den stellen wir frei zur Verfügung, in der Hoffnung, dass immer mehr KollegInnen ansprechende Materialien entwickeln.

2018 war noch aus einem anderen Grund ein einschneidendes Jahr, denn unser langer Kampf um die Genehmigung einer gymnasialen Oberstufe war endlich von Erfolg gekrönt.

Burow: Die Entwicklung der Alemannenschule wie Du sie schilderst war ja kein Kinderspiel, sondern eine Art Langzeitmarathon, bei dem Ihr viele Widerstände überwinden und alle harte Arbeit über die normalen Arbeitsanforderungen hinaus leisten musstet.

Ruppaner: Stimmt, aber es hat sich gelohnt und wir wurden schließlich auch anerkannt, 2019 wurden wir einer der Preisträger des Deutschen Schulpreises. Aber wichtig ist nicht allein die äußere Anerkennung. Es geht auch um Berufszufriedenheit. Die KollegInnen, die bei uns arbeiten, sind nicht nur stolz auf das Geleistete, sondern erfahren täglich, wieviel Freude eine veränderte Lehrerarbeit macht, in der die Tätigkeit vielfältiger geworden ist. Zwar sind alle KollegInnen aufgrund unserer neuen Arbeitszeitregelung 35 Stunden pro Woche in der Schule anwesend und haben ihren eigenen Arbeitsplatz. Dadurch aber, dass die SchülerInnen stärker selbstständig lernen, unterrichten sie im Schnitt nur noch 12 Stunden und sind den Rest der Zeit mit Beratung, Lerncoaching, der Entwicklung von Unterrichtsmaterialien und ähnlichem beschäftigt. Dadurch entfällt auch die Vorbereitungszeit zu Hause. Mit den 35 Stunden ist alles abgegolten.

Burow: Na, dann könnt ihr Euch jetzt erstmal ausruhen und das Erreichte genießen?

Ruppaner: Im Gegenteil. Jetzt geht es erst richtig los! Wir arbeiten mit Hochdruck an der Weiterentwicklung unserer Schmetterlingspädagogik.

Burow: Schmetterlingspädagogik? Das musst Du mir erklären.

Ruppaner: Unser Ziel ist es, den traditionellen Unterricht weitgehend abzuschaffen. Lernen muss Spaß machen und Schule muss ein Ort begeisternder Erfahrungen werden. Es gibt keinen Unterricht mehr, sondern das Lernen wird durch die zwei Flügel des Schmetterlings getragen, gewissermaßen »beflügelt«: Der linke Flügel ist SOL, das selbstorganisierte Lernen, und der rechte Flügel das Lernen durch Erleben. Dass wir uns schrittweise vom klassischen Unterricht verabschieden können, ist erst durch die Digitalisierung möglich geworden, denn jetzt haben wir Lernplattformen, Erklärvideos, Apps, Links und vieles mehr.

Burow: Das ist ja eigentlich gar nicht so neu: Die »vorbereitete Umgebung« und das Prinzip »Hilf mir es selbst zu tun!«. Das klingt nach einer modernisierten Montessori-Pädagogik.

Ruppaner: Ja, das haben wir oft gehört: Die Alemannenschule – eine Montessori-Schule. Aber das war gar nicht unser Hintergrund. Wir haben das selbst entwickelt. Aber wenn es bewährten Konzepten entspricht, umso besser! Das unterstützt uns.

Burow: Die Geschichte der schrittweisen Neukonzeption Eurer Schule ist ja sehr beeindruckend. Und wenn ich anderen Schulen davon berichte, können die gar nicht glauben, dass so etwas unter

Normalbedingungen einer Regelschule möglich ist. Was würdest Du Schulkollegien raten, die ihre Schule entwickeln wollen?

Ruppaner: Zunächst einmal: Wir hatten keine besonderen Bedingungen. Ganz im Gegenteil: Ich leitete 2005 eine von Abwicklung bedrohte Hauptschule. Alles was wir gemacht haben, war von den Schulgesetzen gedeckt. Nirgendwo steht geschrieben, dass der Unterricht in Klassen stattfinden und nach dem 45-Minutenprinzip organisiert sein muss. Jahrgangsmischung können wir machen. Alternative Leistungsfeststellungsverfahren sind möglich und vieles mehr. Die Rahmenbedingungen schränken uns zwar ein, aber wir haben sehr viel mehr Möglichkeiten – auch innerhalb ihrer Grenzen – Schule völlig neu zu gestalten.

Die größten Hindernisse bilden weniger die Rahmenbedingungen als vielmehr die Mauern in den Köpfen der Rektoren, Eltern, und Schulverwaltungen, die an einem überholten Bild von Schule festhalten und Angst vor radikalen Neuerungen haben. Es handelt sich teilweise auch um einen Mangel an Phantasie und Wissen. In Zeiten des Internet kann man mit wenigen Klicks innovative Schulmodelle, Architekturen und Lernformate finden. Warum nutzen nur Wenige diese Möglichkeiten? Das größte Hindernis sind wir selbst mit unseren festgefahrenen mentalen Modellen.

Burow: Was würdest Du also einer Schulleitung raten, die ihre Schule entwickeln will? Was sind die wichtigsten Erfolgsfaktoren? Worauf sollten sie achten?

Ruppaner: Das wichtigste ist sich nicht entmutigen zu lassen und nicht zu viele Bedenken abzuwägen. Stattdessen einfach machen! Wenn man überlegt, was alles passieren kann, kommt man nicht weiter.

Am Beginn muss die Entwicklung einer gemeinsamen Haltung stehen, die sich in einem – gemeinsam entwickelten und von allen getragenen Leitbild konkretisiert. Ein attraktives Zukunftsbild, eine Vision liefert Orientierung und die Energie, um dranzubleiben, denn die Entwicklung des Kollegiums und der Schule erfordert viele Jahre und einen langen Atem.

Burow: Kann auch die Wissenschaft helfen, etwa die empirische Bildungsforschung?

Ruppaner: Indirekt. Die Hattie-Studie beispielsweise behauptete zwar, dass reformpädagogische Ansätze wenig bringen, hob aber die Bedeutung reziproken Lernens hervor und legitimierte damit im Nachhinein unser Vorgehen.

Burow: Wir verfügen seit langem nicht nur über erdrückende Erkenntnisse darüber, dass und wie sich Schule wandeln muss, wir verfügen inzwischen auch über bewährte Konzepte, digitale Technologien und funktionierende Erfolgsbeispiele aus der Praxis. Warum tun sich trotzdem so viele Schulen schwer mit dem Wandel? Hast Du eine Erklärung dafür?

Ruppaner: Wie gesagt, es liegt an unseren tradierten Vorstellungen, unseren mentalen Modellen, die uns darin hindern, alte Strukturen loszulassen, insbesondere das Aufbrechen von Zeitstrukturen, Raumstrukturen und mentalen Haltungen.
 Zudem fehlen motivierende Vorgaben von oben und die Belohnung für Innovation. Zuviele Instanzen sind damit beschäftigt, den Betrieb durch die Überwachung alter Vorgaben am Laufen zu halten. Weiterhin fehlt es bei vielen der maßgebenden Stellen an der Bereitschaft, das bestehende System auf den Prüfstand zu stellen und Pädagogik angesichts des rasanten Wandels neu zu denken. Das trauen sich einstweilen nur so schräge Vögel wie wir. Aber wir hoffen, dass unser Beispiel Kollegien und Schulen ermutigt, eigene Schritte zu gehen und vielleicht auch mit unserem wachsenden Netzwerk zusammenzuarbeiten.

Burow: Letzte Frage. Warum seid ihr erfolgreich durch die Corona-Krise gekommen?

Ruppaner: Die Antwort ist verblüffend einfach: Unsere Schüler sind seit Jahren im selbstorganisierten Lernen und im Umgang mit digitalen Medien trainiert, verfügen über ein eigenes iPad, können den gesamten Lernstoff in digitalisierter Form abrufen und erhalten individuelle Beratung.

Burow: Und wie habt ihr das Hygiene-Problem im Großraum gelöst? Lüftung? Wie kann man in Eurem Modell auch unter Corona-Bedingungen im Präsenzunterricht arbeiten?

Ruppaner: Wir berücksichtigen die Abstandsregel und lassen die SchülerInnen in geschlossenen Peergroups arbeiten. Der Präsenzunterricht ist natürlich ebenso wie unser LDE-Konzept (Lernen durch Erfahrung) eingeschränkt. Aber ich bin in Verhandlung mit einer Firma, die Reinräume herstellt und mit denen überprüfen wir gerade, wie wir die »Reinraumschule« schaffen können. Die haben spezielle Filter entwickelt, mit denen das möglich ist.

Burow: Lieber Stefan, Dank für Deine Zeit, was ja nicht selbstverständlich ist, schließlich werdet ihr ja von Anfragen überhäuft. Wenn ich Deinen Bericht nachvollziehe, dann habe ich den Eindruck, dass Ihr – ohne ihn zu kennen – analog meines »Leadership-Kompasses« gehandelt habt: »Sei leidenschaftlich! Sei visionär! Mach's einfach!«. Sind das Haltungen, die Du veränderungsbereiten Kollegien empfehlen würdest?

Ruppaner: Das trifft es. Arbeitet an Euren Haltungen, überprüft Eure mentalen Modelle und traditionsgebundenen Strukturen, baut selbstorganisiertes Lernen analog und digital aus, schafft Räume für Lernen durch Erleben und sorgt dafür, dass allen Beteiligten Lernen und die Gestaltung der Schule als Lebens- und Erfahrungsraum Spaß macht!

Links:

- Materialnetzwerk: https://materialnetzwerk.wordpress.com/helden-der-bildung/
- Lernplattform DiLer: https://www.digitale-lernumgebung.de
- Instruktiver Übersichtsartikel zum Schulkonzept in »brandeins«: https://www.brandeins.de/magazine/brand-eins-wirtschaftsmagazin/2020/eigensinn/alemannenschule-wutoeschingen-schule-machen

8. Links und Tipps

8.1 Kernelemente der resilienten Schule

1. Ihre Schule verfügt über ein klares Leitbild und einen Zukunftscode.
2. Alle Schüler sind systematisch in Formaten selbstgesteuerten Lernens trainiert.
3. Jeder Schüler verfügt über ein digitales Endgerät, dessen Bedienung er/sie beherrscht.
4. Der gesamte Unterrichtsstoff ist in digitalisierter Form verfügbar und jederzeit leicht abrufbar.
5. Eine digitale Lernplattform unterstützt das Lernen mit schülergerechten Formaten wie z.B. Erklärvideos, ausgewählten Apps etc.
6. Die LehrerInnen sind im analogen und digitalen Coaching (z.B. via Zoom) ausgebildet.
7. Sie verfügen über ein Feedbacksystem.

8.2 Drei Sofortmaßnahmen

1. **Sorgen Sie in der Krise für klare Führung: Entscheiden, Ermutigen, Innovieren**
   - Sorgen Sie mit Ihrer Steuergruppe für klare Führungsstrukturen: Klären Sie, wer bei der Krisenbewältigung für was verantwortlich ist.

- Sorgen Sie für transparente, eindeutige Entscheidungen und kommunizieren Sie diese auf Ihrer Homepage!
- Definieren Sie die wichtigsten Anforderungen und benennen Sie Akteure in den Bereichen.
- Sorgen Sie für transparente Informierung von Lehrkräften, Schülern und Eltern.
- Sichern Sie Infektionsschutz/Hygiene.
- Vereinfachen Sie die Organisation des Unterrichts und der Prüfungen.
- Entwickeln und dokumentieren Sie innovative Ansätze, die aus der Krisenbewältigung hervorgehen.
- Liefern Sie ermutigende Botschaften: Gemeinsam können wir die Krise bewältigen und als Chance zur Weiterentwicklung nutzen!

2. **Nutzen Sie die Kräfte der Beteiligten: Potentiale erfragen, vernetzen und umsetzen**
- Machen Sie klar: Die Krise erfordert neue Formen der Kollaboration und Kooperation, der Kreativität, der Innovation, Improvisation und Problemlösung! Dabei kommt es auf das Engagement und die Beiträge aller an.
- Fragen Sie: Wer von den Lehrkräften, den anderen Dienstkräften, aber auch Schülern und Eltern besitzt besondere Kompetenzen, die zur Krisenbewältigung bzw. Weiterentwicklung hilfreich sind?
- Kommunizieren Sie diese Frage über möglichst viele Kanäle und veröffentlichen Sie auf der Homepage die Unterstützungsangebote und ggf. Innovationsideen.
- Nutzen Sie die Krise für den Aufbau einer »resilienten« Organisationskultur, einer Kultur, in die vorhandenen Ressourcen/Kompetenzen so vernetzt sind, dass Ihre Schule auch in Zukunft resilient aufgestellt ist, d.h., dass sie Belastungen reduzieren und Krisen bewältigen kann.
- Machen Sie klar, dass nicht nur die Corona-Krise, sondern der gesellschaftliche Wandel insgesamt eine längst fällige

Veränderung der Lehrerrolle erfordert: Die Lehrkraft der Zukunft wechselt flexibel zwischen analogem und digitalem Unterrichten, Beraten und Coachen.
- Nutzen Sie die gemeinsame Bedrohung für den Aufbau einer »Wertschätzenden Schulkultur« und eine neue Lehrer-Schüler Beziehung als Berater und Krisenbegleiter.

3. Nutzen Sie digitale Technologien: Informieren, Support und Infrastruktur sichern

- Machen Sie klar, das digitale Technologien in den Bereichen Kommunikation und Unterricht die Krisenbewältigung unterstützen können.
- Nutzen Sie die Krise, dem Schulträger die Notwendigkeit der Bereitstellung einer ausreichenden Infrastruktur deutlich zu machen und stellen Sie Forderungen nach Ausstattung und Schullizenzen.
- Machen Sie auch den skeptischen Lehrkräften deutlich, dass die Krise die Chance für die Erprobung und Nutzung neuer digitaler Lehr-/Lernformate bietet. Regen Sie digitale Lernteams an und ermutigen Sie erste Schritte.
- Ermutigen Sie zu einer experimentierfreudigen Haltung, um die Krise zur Erprobung und Nutzung von digitalen Technologien und neuen Formaten zu nutzen.
- Bitten Sie einschlägig engagierte Lehrkräfte und Funktionsstelleninhaber, eine Liste entsprechender Werkzeuge und Webadressen für die Homepage zu erstellen sowie die KollegInnen dabei zu beraten.
- Bilden Sie ein Innovationsteam, das innovative Schulen besucht, Transfermöglichkeiten entwickelt und das Kollegium informiert.
- Bitten Sie engagierte Lehrkräfte, Webinare für ihre KollegInnen anzubieten.
- Richten Sie eine Arbeitsgruppe ein, die die Erfahrungen der Nutzung von digitalen Medien in der Krise auswertet und ein zukunftsfähiges Medienkonzept entwickelt.

- Fordern Sie die Lehrkräfte auf, ihre Erfahrungen auszutauschen und hilfreiche Werkzeuge zu dokumentieren.

8.3 Orientieren Sie sich am Leadership-Kompass

Der »Leadership-Kompass« (Burow 2018) beschreibt drei Haltungen und 3x3 Prinzipien, die den Kern erfolgreicher Führung auf den Punkt bringen:

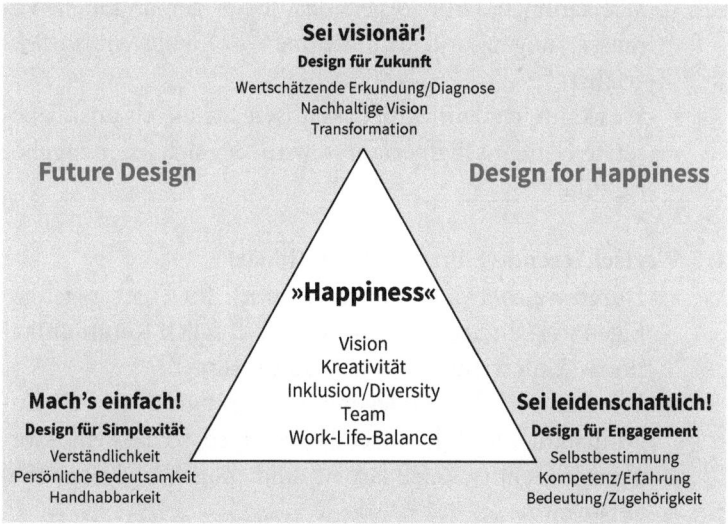

Aus: Burow 2016: Wertschätzende Schulleitung – Der Weg zu Wohlbefinden, Engagement und Spitzenleistung. Weinheim: Beltz.

Als Anleitung zur Umsetzung dienen 3x3 Leitfragen und eine Regel für »gute« Schule und »guten« Unterricht:

I Salutogenese: Machs einfach!
- Ist mein Handeln für alle *verstehbar*?
- Erfahren die Kollegen alle Maßnahmen als *persönlich bedeutsam*?
- Sind die notwendigen Umsetzungsschritte für alle *handhabbar*?

II Selbstbestimmungstheorie: Sei leidenschaftlich!
- Wie kann ich dafür sorgen, dass LehrerInnen und SchülerInnen entsprechend ihrem Stand und ihren Aufgaben mehr *Selbstbestimmung* erfahren?
- Wie kann ich dafür sorgen, dass jede – gemäß seinen Voraussetzungen und Motivationen – *Kompetenzzuwachs* erfährt?
- Was kann ich dafür tun, dass unsere Schule als positiv besetzte Gemeinschaft erfahren wird, der sich jeder zugehörig fühlt?

III Wertschätzende Führung: Sei visionär!
- Durch welche Maßnahmen kann ich für einen regelmäßigen *wertschätzenden Austausch* bezüglich Kommunikations-, Unterrichts- und Lernkultur sorgen?
- Wie kann ich die Kollegen an der Entwicklung von Zukunftsbild und Zukunftscode beteiligen, so dass eine Corporate Identity, Zielklarheit und Zugehörigkeitsgefühl entstehen?
- Durch welche Maßnahmen kann ich dafür sorgen, dass die Vision in konkret überprüfbare Handlungsschritte übersetzt wird?

Die Erfolgsregel – Beachten Sie den Lossada-Quotient:

Sorgen Sie für ein Verhältnis von 3 zu 1 positiven Rückmeldungen!

8.4 Werkzeuge und Links

Wer im Netz nach Lernplattformen, Lernmanagementsystemen und Werkzeugen sucht, wird erschlagen von der Vielzahl der Angebote. Ich beschränke mich deshalb hier auf wenige, die mir sinnvoll erscheinen:

Lehr-/Lernplattformen:
- *MUNDO: Neues Medienportal für frei zugängliche Bildungsmedien getragen von Bund und Ländern: https://mundo.schule
Informationen unter: https://www.sodix.de
- * Khan-Academy: https://de.khanacademy.org
- * https://new.edmodo.com/?go2url=%2Fhome
- * Schule von zu Hause (Google: https://teachfromhome.google/intl/de/
- * WIZIQ Virtual Classroom: https://www.capterra.com.de/software/116739/wiziq-virtual-classroom
- * https://www.sofatutor.com/

Lernmanagement-Systeme:
- Open Source System der Alemannenschule: https://www.digitale-lernumgebung.de
- Kommerzielle System: ITS-Learning: https://itslearning.com/de/

Tools für gelungenen Unterricht:
Sebastian Nüssel (2020) hat in einer übersichtlichen Broschüre 60 Tools für gelungenen digitalen Unterricht zusammengestellt und in seinem Blog Expertenbeiträge und Infos zusammengestellt, die viele Fragen des digital unterstützten Lehrens und Lernens klären: Infos, Expertenblog und Bestellung unter: www.mediencoaching.nrw.
Und https://unterrichten.digital

*Umfassende Liste digitaler Werkzeuge: Die besten Tools für das Lernen https://www.toptools4learning.com/

*Brain Pop – Kollaborations-Apps zum Teilen von Hausaufgaben https://www.brainpop.com

*Panopto – interaktive Quizzformate: https://www.panopto.com/dach/

Sammlung erprobter digitaler Unterrichtsformate:
Die Lehrerin Anika Buche hat schon vor Corona Konzepte für den virtuellen Klassenraum entwickelt und mit »Edu-sense« eine Plattform gegründet, auf der sie Möglichkeiten und erprobte Unterrichtsformate bereitstellt: https://edu-sense.de

Innovative Schulen, mit digital unterstützten Lehr-/Konzepten und personalisierten Umgebungen:
- Alemannenschule Wutöschingen: https://www.alemannenschule-wutoeschingen.de
- Blautopf-Schule Blaubeuren: https://www.blautopf-schule.de
- Ernst-Reuter Schule Karlsruhe: http://www.ers-karlsruhe.de
- Richtsberg-Gesamtschule Marburg: https://www.richtsberg-schule.de

Allgemeine Informationen

Leitfaden für Kommunen und Schulträger zum Aufbau digitaler Infrastruktur und zur Geräteausstattung:
www.didacta.de/ausschuss-didacta-digital

Für alle Fragen innovativer Schulentwicklung ist das »Deutsche Schulportal« die erste Adresse:
https://deutsches-schulportal.de

Fragen zur Umsetzung digitaler Bildung klärt umfassend das
»Forum Bildung Digitalisierung«:
https://www.forumbd.de/verein/

KMK: Bildung in der digitalen Welt. https://www.kmk.org.

Überblick über digitale Kompetenzmodelle und deren Umsetzung in den Bundesländern:
Birgit Eickelmann: Kompetenzen in der digitalen Welt
https://library.fes.de/pdf-files/studienfoerderung/13644.pdf

Olaf-Axel Burow: Digitale Bildung nach Corona
https://unterrichten.digital/2020/04/10/burow-bildung-schule-digitalisierung/

Frank Thissen, Professor an der Hochschule für Medien, stellt unter dem Titel »Mobiles Lernen in der Schule« ein ausgezeichnetes E-Book zur Verfügung, das einen Überblick über wissenschaftliche Studien bietet und praktische Tipps liefert:
https://docplayer.org/52763764-Mobiles-lernen-in-der-schule-prof-dr-frank-thissen.html

Danksagung

Dieses Buch beruht nicht nur auf meinen wissenschaftlichen Studien, sondern vor allem auch auf meinen Begegnungen mit innovativen SchulleiterInnen, die allen Widerständen zum Trotz, sich nicht auf eine Reform der Schule begrenzen, sondern den Mut haben, Schule neu zu denken und entsprechend zu gestalten. Aufgrund meiner jahrzehntelangen Schulentwicklungsarbeit müsste ich hier eine lange Liste aufführen, die zudem unvollständig wäre. Deshalb möchte ich hier, stellvertretend für all die anderen engagierten KollegInnen Stefan Ruppaner, dem Leiter der Alemannenschule Wutöschingen danken, der es vermochte, nicht nur sein Kollegium, sondern die gesamte Schulgemeinde so zu inspirieren, dass etwas bahnbrechend Neues entstand. Er verkörpert die drei Elementaren Tugenden meines »Leadership-Kompasses«, der die Führungseigenschaften, die für den Wandel entscheidend sind, auf den Punkt bringt: *Sei leidenschaftlich! Sei visionär! Machs einfach!*

Sein Beispiel wie auch das der anderen innovativen SchulleiterInnen zeigt: Wandel ist möglich!

Danken möchte ich auch meiner Frau, Christel Schmieling-Burow, die als Studienrätin an einem Gymnasium ebenso wie meine Töchtern Sarah und Sophia als Gesamtschulabsolventinnen den Blick auf die problematischen Nebenwirkungen der Regelschule geschärft und für die Notwendigkeit eines Neudenkens erweitert haben.

Bedanken möchte ich mich auch beim Beltz-Verlag und Frank Engelhardt, der dieses Buch engagiert unterstützte und qualifiziert begleitete.

Literatur

Antonovsky, A. & Franke, A. (1997): Salutogenese. Zur Entmystifizierung der Gesundheit. Tübingen.

Aufenanger, S. (2020): Digitale Bildung. Begründungen – theoretische Orientierungen – Ziele, in: Friedrich Jahresheft 2020, schule DIGITAL, S. 6 – 10.

Bauer, J. (2006): Das Prinzip Menschlichkeit. Warum wir von Natur aus kooperieren. Hoffman & Campe.

Bauer, J. (2004): Das Gedächtnis des Körpers. Wie Beziehungen und Lebensstile unsere Gene steuern. Göttingen: Eichborn.

Beutel, I. & Pant, A. (2019): Lernen ohne Noten: Alternative Konzepte der Leistungsbeurteilung. Stuttgart: W. Kohlhammer.

Börries, F. (2016): Weltentwerfen. Eine politische Designtheorie. Berlin: edition suhrkamp.

Bruch, H. & Vogel, B. (2009): Organisationelle Energie. Wiesbaden: Gabler.

Brynjolfsson, E. & Andrew McAfee, A. (2014): The Second Machine Age. Wie die nächste digitale Revolution unser aller Leben verändern wird. Kulmbach, Plassen Verlag.

Burow, O.A. (2020): Future Fridays – Warum wir das Schullfach Zukunft brauchen. Weinheim: Beltz.

Burow, O.A. (2019): Schulfach Zukunft. In: Pädagogische Führung 4, S.131-134.

Burow, O.A. (Hg.) (2019): Schule digital – Wie geht das? Wie die digitale Revolution uns und die Schule verändert. Weinheim: Beltz.

Burow, O.A. (2018): Führen mit Wertschätzung: Der Leadership-Kompass für Engagement, Wohlbefinden und Spitzenleistung. Weinheim: Beltz.

Burow, O.A. & Gallenkamp, C. (Hg.) (2017): Bildung 2030 – Sieben Trends, die die Schule revolutionieren: Weinheim: Beltz.

Burow, O.A., Fritz-Schubert, E. & Luga, J. (2017): Einladung zur Positiven Pädagogik. Weinheim: Beltz.

Burow, O.A. (2016): Wertschätzende Schulleitung: Der Weg zu Engagement, Wohlbefinden und Spitzenleistung. Weinheim: Beltz.

Burow, O.A. (2015): Team-Flow: Gemeinsam wachsen im Kreativen Feld. Weinheim: Beltz.

Burow, O.A. (2011): Positive Pädagogik: Sieben Weg zu Lernfreude und Schulglück: Weinheim: Beltz.

Burow, O.A. & Steenbuck, O. (2011): Partizipative Schulentwicklung durch Zukunftswerkstätten. In: Esser, P., Steenbuck, O., Quitmann, H. (Hrsg.): Inklusive Begabtenförderung in der Grundschule. Weinheim: Beltz, S. 198-215.

Burow, O.A. & Jungk, R. (1992): Interview mit Robert Jungk zur Methode Zukunftswerkstatt in der Internationalen Bibliothek für Zukunftsfragen in Salzburg: https://www.youtube.com/watch?v=e8oGr2AuQ5U

Burow, O.A. & Neumann-Schönwetter (Hg.) (1995): Zukunftswerkstatt in Schule und Unterricht. Hamburg: Bergmann & Helbig.

Burow, O.A. & Renner, G. (1993): Zukunftswerkstatt: Denken und Handeln für ein ökologisches Europa. Berlin: Verbraucherinstitut.

Burow, O.A. & Scherpp, K.H. (1981): Lernziel Menschlichkeit. Gestaltpädagogik – eine Chance für Schule und Unterricht. München: Kösel.

Collier, P. (2019): Sozialer Kapitalismus. Mein Manifest gegen den Zerfall der Gesellschaft. Berlin: Siedler.

Eickelmann, Birgit: ICILS 2018. Verfügbar: https://kw.uni-paderborn.de. Abgerufen: 10.9.2020

Eickelmann, Birgit: Kompetenzen in der digitalen Welt (2017). Verfügbar: https://library.fes.de. Abgerufen: 10.9.2020

Enders, G. & Hampel, D. (2011): Der Zukunftscode. Evolutionäre Strategien für Marketing, Design, Technik. Berlin: Fruehwerk.

Etzkorn A. & Siegel I. (2013). Simple. London: Random House.

Fredrickson B. (2011): Die Macht der guten Gefühle. Wie eine positive Haltung ihr Leben dauerhaft verändert. Frankfurt: Campus.

Fritz-Schubert, E. (2017): Lernziel: Wohlbefinden. Entwicklung des Konzeptes »Schulfach Glück« zur Operationalisierung und Realisierung gesundheits- und bildungsrelevanter Zielkategorien. Weinheim: Beltz.

Fritz-Schubert, E. (2010): Glück kann man lernen. Was Kinder stark fürs Leben macht. Berlin: Ullstein.

Göpel, M. (2020): Unsere Welt neu denken. Berlin: Ullstein.

Hüther, G. (2004): Die Macht der inneren Bilder. Wie Visionen das Gehirn, den Menschen und die Welt verändern. Göttingen: Vandenhoeck & Ruprecht.

Jungk, R. & Müllert, N. (1981): Zukunftswerkstätten. Mit Phantasie gegen Routine und Resignation. München.

Nüsse, S. (2020): Toolkit Digitale Unterrichtsmedien: 60 Tools für gelungenen digitalen Unterricht. Essen: medienchoaching.nrw

Pöppel, E. (2006): Der Rahmen. Ein Blick des Gehirns auf unser Ich. München: Hanser.

Rasfeld, M. & Spiegel, P. (2012): EduAction. Wir machen Schule. Murrmann.

Reckwitz, A. (2018): Die Gesellschaft der Singularitäten. Zum Strukturwandel der Moderne. Berlin: Suhrkamp.

Robinson, K. (2006): Do Schools Kill Creativity. www.ted.com/talks/ken_robinson_says_schools_kill_creativity?language=de [Zugriff: 23.03.2019].

Robinson, K. (2010a): RSA Animate: Changing Education Paradigms. https://www.google.de/search?q=ken+robinson+rsa&ie=utf-8&oe=utf-8&client=firefox-b&gfe_rd=cr&ei=KMWQWIDaEI7Z8Afu9a6YCw [Zugriff: 23.03.2019].

Robinson, K. (2010b): In meinem Element. Was wir von erfolgreichen Menschen lernen können. München: Goldmann.

Rolff, H.G. & Thünken, U. (2020): Digital gestütztes Lernen. Praxisbeispiele für eine zeitgemäße Schulentwicklung. Weinheim: Beltz.

Scharmer, C.-O. (2009): Theorie U: Von der Zukunft her führen. Presencing als soziale Technik der Freiheit. Heidelberg: Carl-Auer Verlag.

Scheuerer, A. (2020): »Digital Leadership im Zeitalter der Transformation – auf was es jetzt ankommt. In: Raabe II-66, S. 1-26.

Seligman, E.M.P. (2012): Flourish. Wie Menschen aufblühen. Die Positive Psychologie des gelingenden Lebens. München: Kösel.

Senkpiel, J. & Smolka, D. (Hrsg.): Die Tafel muss raus!? Unterrichten agil, digital, modern. Hürth: Carl Link.

Simon, J., Pohlmeyer, A. & Desmet, P. (2015): Positive Design. Reference Guide. Universität Utrecht.

Teichert, J. & Ratajczak, B. (Hrsg.) (2020): Digitalisierung: Neue Aufgaben der Schulleitung. Weinheim und Basel: Beltz.

Trilling, B. & Fadel, C. (2012): 21st Century Skills: Learning for or Times. Joesy Bass.

Weinberg, U. (2015): Network-Thinking. Was kommt nach dem Brockhaus-Denken? Hamburg: Murmann Publishers.

Weisbord, M. (1992). Discovering the Common Ground. San Francisco: Berret Koehler.

Zuboff, S. (2018): Das Zeitalter des Überwachungskapitalismus. Frankfurt: Campus.

Zylka, J. (Hrsg.) (2017): Schule auf dem Weg zur personalisierten Lernumgebung. Modelle neuen Lehrens und Lernens. Weinheim: Beltz.

Anhang

Beispiel des möglichen Ablaufs einer Zukunftswerkstatt:

Eintägige Zukunftswerkstatt: Unsere Schule 2030
Was ist unsere Vision und unser Leitbild?

Zum Ziel der Zukunftswerkstatt

Die von Robert Jungk in den sechziger Jahren des letzten Jahrhunderts entwickelte Zukunftswerkstatt hat sich in vielen Projekten als effektives Instrument partizipativer Schulentwicklung erwiesen. Ihre besondere Stärke liegt in der Freisetzung der »Weisheit der Vielen« sowie der Mobilisierung von Energie und Leidenschaft – zwei oft unterschätzte und doch unverzichtbare Voraussetzungen für erfolgreiche Schulentwicklungsprozesse. Im Zentrum steht die Überwindung linearen Sachzwangsdenkens durch die Entwicklung von Bildern einer von allen ersehnten Schule der Zukunft. Diese (visionären) Zukunftsbilder sind Ausdruck des »pictorial knowledge« – d. h. der Wissensform, die unser Handeln entscheidend bestimmt. Ziel der Zukunftswerkstatt ist es, mit den entstehenden Visionen einen Orientierungsrahmen für die weitere Entwicklung unserer Schule zu erhalten. Anschließend an den Austausch erfolgreicher Situationen und die

Erarbeitung von Gelingensbedingungen entwickeln wir Vorstellungen für die Zukunft, arbeiten den Gemeinsamen Grund und den Change Code heraus, der die Grundlage für die Entwicklung eines attraktiven, gemeinsam entwickelten und getragenen Leitbildes ist. Das Zukunftsbild, der Change Code bestehend aus drei Kernwerten und das Leitbild sollen die Orientierung für die weitere Entwicklung sowie konkrete Umsetzungsschritte geben.

Ablauf

8.00 – 8.15	Ankunft, Begrüßung, Programmatische Einführung der Schulleitung
8.15 – 9.00	**1. Vortrag: Mit der Zukunftswerkstatt zur IGS 2020, die wir uns wünschen** (Erkenntnisse der Schulqualitätsforschung und Einführung in die Methode)
9.00 – 9.30	**2. Übung zur »Wertschätzenden Diagnose«** a) Jeder überlegt sich eine gelungene Situation aus dem Unterricht oder dem Schulalltag und füllt Arbeitshilfe 1 aus. b) Marktplatz: Gruppenbildung nach Symbolen c) Jeder stellt sein bestes Erlebnis vor d) Eine Geschichte wird fürs Plenum ausgewählt e) Einigung auf drei gemeinsame Erfolgsprinzipien, die auf grüne Karten geschrieben werden und ein Haupthindernis auf rote Karten.
9.30 - 10.00	f) Vorstellung der besten Geschichten im Plenum und Sortierung der »Kernprinzipien« und »Hindernisse«. Alternativ: SWOT-Analyse
10.00 – 10.30	*Ausstellung und Kaffeepause*

10.30 – 12.15	**3. Visionenphase**
	a) Einführung in den Charakter der Visionenphase
	b) Reise in die gewünschte Zukunft der Schule mit einem gemeinsam getragenen und an Inklusion orientierten Leistungsbegriff.
	c) Skizzierung der individuellen Visionen
	d) Ausstellung der Visionen und Bildung von Visionengruppen
	e) Vorstellung der individuellen Visionen in den Gruppen und Erarbeitung einer gemeinsamen Vision.
12.15 – 13.00	*Mittagspause*
13.00 – 13.30	Weiterarbeit an den Gruppenvisionen
13.30 – 14.00	**4. Präsentation der Visionen**
	Gruppen präsentieren ihre Vorstellungen zur Entwicklungsperspektive ihrer Schule
14.00 – 14.30	Kaffeepause und Andenken: Was ist unser Gemeinsamer Grund?
14.30 – 15.15	**5. Austausch über die Visionen und Einigung auf den »Change Code«**
	a) Abgleich in den Visionengruppen mit den Vorstellungen der anderen Gruppen
	b) Einigung auf drei gemeinsam geteilte Kernwerte, die den »Change Code« bilden sollen, d.h. die übergreifenden Werten, an denen das Leitbild und der Veränderungsprozess ausgerichtet sein sollen. Diese Werte werden auf drei gelbe Karten geschrieben.
	c) Einigung auf ein Symbol/Zeichen, das diese Kernwerte ausdrückt.

15.15 – 16.00	**6. Präsentation des »Change Codes« und der Symbole** a) Präsentation der Gruppenergebnisse und Clustern zu Schwerpunkten b) Diskussion c) Bepunktung der Ergebnisse und ggf. Entscheidung über die Kernwerte/alternativ: Auftrag an die Redaktionsgruppe d) Bestimmung der bildlichen Elemente des Zukunftsbilds und Auftrag zur textlichen Ausformulierung des Leitbilds.
16.00 – 16.15	**7. Abschluss:** a) Abschlusswort der Schulleitung zum weiteren Vorgehen b) Abschlussblitzlicht mit Beamerpräsentation (Bilder des Tages)
ca. 16.15	**Ende**

Zweitägige Zukunftswerkstatt
Unsere Schule 2030

Was ist unsere Vision und unser Leitbild?

Zum Ziel der Zukunftswerkstatt

Die von Robert Jungk in den sechziger Jahren des letzten Jahrhunderts entwickelte Zukunftswerkstatt hat sich in vielen Projekten als effektives Instrument partizipativer Schulentwicklung erwiesen. Ihre besondere Stärke liegt in der Freisetzung der »Weisheit der Vielen« sowie der Mobilisierung von Energie und

Leidenschaft – zwei oft unterschätzte und doch unverzichtbare Voraussetzungen für erfolgreiche Schulentwicklungsprozesse. Im Zentrum steht die Überwindung linearen Sachzwangsdenkens durch die Entwicklung von Bildern einer von allen ersehnten Schule der Zukunft. Diese (visionären) Zukunftsbilder sind Ausdruck des »pictorial knowledge« – d. h. der Wissensform, die unser Handeln entscheidend bestimmt. Ziel der Zukunftswerkstatt ist es, mit den entstehenden Visionen einen Orientierungsrahmen für die weitere Entwicklung unserer Schule zu erhalten und diejenigen Umsetzungsprojekte zu identifizieren, die von allen Beteiligten als besonders zukunftsträchtig angesehen werden. Weiter wird ein »Change Code« bestehend aus drei Kernwerten erarbeitet, der Grundlage eines orientierenden Zukunftsbildes ist und es werden erste Umsetzungsmaßnahmen entworfen.

Ablauf – 1. Tag

9.00 – 9.30	Ankunft, Begrüßung, Programmatische Rede der Schulleitung: Was sind die Herausforderungen?
9.30 – 10.15	**1. Vortrag:** **Bildung 2030 – Sieben Trends, die die Schule revolutionieren** (Überblick und Einführung)
10.15 – 10.45	*Kaffeepause*
10.45 – 12.30	**2. SWOT-Analyse: »Wer und wie sind wir?«** a) Einführung in die Methode SWOT-Analyse bezüglich des Ist-Profils der Schule b) Rotation zu je vier Stationen (je 15 Min.) – Stärken, Schwächen, Risiken, Chancen c) letzte Gruppe clustert die Karten und fasst Ergebnisse zusammen – Wählt je 1 Sprecher zu Stärken, Schwächen, Risiken, Chancen) d) Ausstellung der Ergebnistafeln im Plenum

12.00 – 12.30	c) **Vorstellung und Diskussion der Ergebnisse der SWOT-Analyse** Diskussion der Ergebnisse vor.
12.30 – 13.30	*Mittagspause*
13.30 – 16.00	**3. Visionenphase:** **Wer und wie wollen wir sein?** a) Einführung in den Charakter der Visionenphase b) Reise in die gewünschte Zukunft unserer Schule c) Skizzierung der individuellen Visionen d) Austausch der Visionen auf dem »Marktplatz und Bildung von Visionengruppen e) Vorstellung der individuellen Visionen in den Gruppen
15.10 – 15.30	*Kaffeepause*
15.30 – 16.15	**4. Präsentation der Visionen** Gruppen präsentieren ihre Vorstellungen zur Entwicklungsperspektive ihrer Schule
16.15 – 16.30	*Blitzlicht*
ca. 16.30	*Ende des ersten Tages*

Ablauf – 2. Tag

8.45 – 9.00	Einführung – »Warming Up« – Vereinbarung des Tagesablaufs
9.00 – 9.20	**5. Einführung in die Realisierungsphase** Einführender Kurzvortrag Prof. Burow

9.20 – 10.00	**6. Discovering the common Ground und Kernwerte fürs Leitbild:** **Was sind die zentralen Ansatzpunkte, die wir realisieren wollen?**

a) Gruppen tauschen sich über Visionen vom Vortag aus und diskutieren die wichtigsten Ansatzpunkte für die Weiterentwicklung der Schule.
b) Sie notieren die Themen bzw. Aufgaben auf Karten
c) Sie benennen mit drei Kernwerten den »Zukunftscode« als Grundlage für ein überarbeitetes Leitbild
d) Die Themen und Kernwerte werden im Plenum vorgestellt
e) Die TN überlegen in der Kaffeepause an welchem Umsetzungsthema sie arbeiten wollen

10.00 – 10.30   Kaffeepause

10.30 – 13.00	**6. Realisierungsphase:** **Womit wollen wir konkret beginnen?**

a) Bildung von Themen- / bzw. Umsetzungsgruppen nach dem Open Space Prinzip: Aufgabe: Entwicklung einer konkreten Umsetzungsmaßnahme – Themen ergeben sich aus der Visionenphase – sowie Themen aus der Vorbereitungsphase
Kurz-, mittel-, langfristig umzusetzende Ziele.
b) Arbeit in den Umsetzungsgruppen

12.30 – 13.00   c) Präsentation der Umsetzungsvorhaben:
Kurzfristig – Mittelfristig – Langfristig
Wer, was, wann, wie, mit wem?

13.00 – 13.30	**7. Konkrete Umsetzungsvereinbarung** a) Ggf. Priosierung mit Klebepunkten b) Stellungnahme der Schulleitung bzw. des SL-Teams c) Konkreter Umsetzungsplan, Termine, Vereinbarungen, Verantwortlichkeiten (Ausformulierung »Mission Statement«, Überarbeitung Schulprogramm, konkrete Umsetzungsschritte/-projekte) d) Terminierung des weiteren Vorgehens
13.30 – 13.45	**8. Abschluss:** a) Beamerpräsentation (Bilder und Ergebnisse der Arbeit der beiden Tage) b) Abschlussblitzlicht
ca. 13.45	**Ende der Veranstaltung** ggf. Ausklang mit gemeinsamen Mittagessen

Rollenmanagement für die Schulleitung

Ralf Weskamp
Schulleitung – Von der Rollenfindung zum Führungserfolg
2020 | 178 Seiten | broschiert
ISBN 978-3-407-63201-2

Schulleiter_innen haben viele Rollen: Sie sind Lehrkraft, Organisator_in, Moderator_in, Verwaltungsjurist_in und vieles mehr. Diese Rollen sind durch Schulgesetze und Dienstordnungen vorgegeben, eröffnen aber auch einen Spielraum für die persönliche Ausgestaltung. Die Kunst besteht darin, zwischen den Rollen zu wechseln und in ihnen zu überzeugen. Dazu benötigt man Wissen, um eine Rolle zu erfüllen, aber auch Einfühlungsvermögen, um sie zu verkörpern. Rollenmanagement ist aus dieser Sicht die eigentliche Führungsaufgabe der Schulleitung.

Die richtigen Rollen für sich zu finden und überzeugend zu verkörpern, erfordert neben Wissen auch ein wenig Theater im Blut. Dieses Buch gibt dazu die notwendige Orientierung: Die klassischen Schulleitungsaufgaben werden anhand unterschiedlicher Rollen beleuchtet. Zudem geht der Autor auf Rollenkonflikte ein und zeigt, wann es sinnvoll ist, Aufgaben abzugeben und andere an der Führung der Schule zu beteiligen.

Beltz Verlag · Weinheim und Basel · Weitere Infos und Ladenpreis: www.beltz.de

Die Zukunft selbst gestalten

Olaf-Axel Burow
Future Fridays – Warum wir das Schulfach Zukunft brauchen
2020 | 112 Seiten | broschiert
ISBN 978-3-407-25842-7

Die aktuelle Protestbewegung »Fridays for Future« zeigt: Schule ist zu stark in der Vergangenheit verhaftet und vernachlässigt das Thema Zukunft. Die Schüler_innen werden mit zukunftsbedrohenden Themen wie Klimawandel oder soziale Ungleichheit alleingelassen. Dabei reicht es nicht mehr aus, altes Wissen zur Lösung der Probleme von Morgen zu vermitteln; Lernen für die Zukunft bedarf vielmehr neuer Lehr- und Lernformate.

In diesem Buch ruft Olaf-Axel Burow dazu auf, Schüler_innen zu Gestalter_innen ihrer Zukunft zu machen, ihre Freude daran zu wecken und sie zu projektorientierten Teamlerner_innen zu machen. Mit dem Schulfach Zukunft als erstem Schritt und dem Future Friday als Ziel können offene, unverschulte Räume für kreatives Gestalten geschaffen werden. Räume, in denen die Schüler_innen die Chance haben, selbstbestimmt an Projekten der Zukunftsgestaltung zu arbeiten.

Aus dem Inhalt:
1. Die zukunftsblinde Gesellschaft
2. Das Versagen der Politik
3. Die Antiquiertheit der Schule
4. Der notwendige Abschied vom Brockhausdenken
5. Fridays for Future – Streiken für die Zukunft
6. Das Schulfach Zukunft – ein erster Schritt
7. Future Friday: Lehrer_innen und Schüler_innen werden Zukunftsgestalter – Future Designer

BELTZ

Beltz Verlag · Weinheim und Basel · Weitere Infos und Ladenpreis: www.beltz.de

Schul- und Unterrichtsentwicklung mit digitalen Medien

Hans-Günter Rolff, Ulrich Thünken
Digital gestütztes Lernen
Praxisbeispiele für eine
zeitgemäße Schulentwicklung
2020 | 164 Seiten | broschiert
ISBN 978-3-407-63187-9

Wie muss ein pädagogisches Konzept aussehen, das digitale Medien sinnvoll in die bestehenden Curricula einbaut? Wie muss man das Kollegium aufstellen, um in digitalen Zeiten gemeinsam Schule und Unterricht weiterzuentwickeln? Und welche Anforderungen stellt der Digitalpakt?

Dieses Buch handelt von Visionen und Konzepten der Schulentwicklung im Zeitalter der Digitalisierung, aber vor allem von den Realitäten und Entwicklungsstufen des »Digital gestützten Lernens« (DgL). Zwei Schulen werden als Praxisbeispiele in ihren Entwicklungsschritten und Produkten vorgestellt - bis hin zu Lernmanagementsystemen, Geschäftsordnungen für Gestaltungsgruppen, Kriterienrastern für die App-Auswahl, Schülerregeln für den Gebrauch von Smartphones und anschaulichen Unterrichtsbeispielen. Darüber hinaus enthält das Buch praxiserprobte Instrumente zur Selbsteinschätzung der Entwicklungsstände von Schulen, zum digitalisierten Schülerfeedback zum Unterricht und rasch auswertbare Kollegiumsbefragungen.

Die beiden Fallstudien sind so angelegt, dass sie auch andere Schulen auf dem Weg zu einem zeitgemäßen Unterricht anzuregen vermögen. Fast nebenbei wird das Konzept der Schul- und Unterrichtsentwicklung auf einen zeitgemäßen Stand gebracht.

BELTZ

Beltz Verlag · Weinheim und Basel · Weitere Infos und Ladenpreis: www.beltz.de

Lernprozesse digital unterstützen

Monika Heusinger
Lernprozesse digital unterstützen
Ein Methodenbuch für den Unterricht
2020 | 160 Seiten | broschiert
ISBN 978-3-407-63189-3

Digitale Medien verändern unsere Lebens-, Arbeits-, Lern- oder Kommunikationsweise. Auch an der Schule geht die digitale Transformation nicht vorbei, für das institutionalisierte Lernen entstehen neue Lernwege und -erfahrungen. Werden digitale Medien jedoch nur um ihrer selbst willen eingesetzt oder analoge Verfahren lediglich digitalisiert, kommt schnell Langeweile auf und die Schüler_innen erkunden eigeninitiativ, fachfremd das Potenzial der mobilen Geräte. Um Lernen mit digitalen Medien sinnvoll zu fördern, ist es daher wichtig, didaktische Konzepte für ihren Einsatz zu entwickeln.

Das vorliegende Methodenbuch zeigt Möglichkeiten auf, wie das Potenzial digitaler Medien anhand unterschiedlicher Lernprozesse wie individualisiertem, kollaborativem/kooperativem, inklusivem, gamebasiertem/gamifiziertem sowie immersivem Lernen sinnvoll genutzt werden kann. Es werden jeweils die didaktischen Besonderheiten, verschiedene Methoden und die entsprechenden digitalen Werkzeuge vorgestellt. Für ausgewählte Methoden stehen über QR-Codes® Beispiele als Online-Materialien zur Verfügung.

BELTZ

Beltz Verlag · Weinheim und Basel · Weitere Infos und Ladenpreis: www.beltz.de

Mit frischem Blick Entlastung schaffen

Wolfgang Endres
**Resonanzpädagogik
in Schule und Unterricht**
Von der Entdeckung neuer
Denkmuster
2020 | 144 Seiten | gebunden
ISBN 978-3-407-63191-6

Lehrkräfte erahnen manchmal schon beim Betreten des Klassenzimmers, dass eine schwierige Unterrichtsstunde vor ihnen liegt. Sie schauen in gelangweilte Gesichter, scheinbar hört niemand zu, aber ein jeder stört auf seine Weise. Häufen sich solche destruktiven Momente, geht irgendwann die Wertschätzung für die Schüler_innen und für den Beruf verloren, was schlechte Voraussetzungen für gute Resonanzbeziehungen sind.

Schwierige Unterrichtssituationen können jedoch auch Auslöser für gelingende Beziehungen im Klassenzimmer sein – der vermeintliche Widerspruch lässt sich durch die Entdeckung neuer Denkmuster auflösen. Wolfgang Endres zeigt anhand vieler Beispiele die verblüffende Wirkung von Perspektivwechseln. Ob bei nervenaufreibenden Begegnungen im Alltagsgeschehen oder im Klassenzimmer: Der andere Blick verändert die Situation, verschafft Entlastung und öffnet neue Möglichkeiten, ganz im Sinne der Resonanzpädagogik.

BELTZ

Beltz Verlag · Weinheim und Basel · Weitere Infos und Ladenpreis: www.beltz.de